Christian Kössler

Sie wird dich holen

Mysteriös-düstere
Kurzgeschichten

*pyjamaguerilleros**

Christian Kössler

Sie wird dich holen

Mysteriös-düstere
Kurzgeschichten

*pyjamaguerilleros**

Bibliographische Informationen der Deutschen Bibliothek:
Die Deutsche Bibliothek verzeichnet diese Publikation in der Deutschen Nationalbibliographie; detailliertere bibliographische Daten sind im Internet unter http://dnb.ddb.de abrufbar.

Sie wird dich holen.
Mysteriös-düstere Kurzgeschichten.

Edition:
pyjamaguerilleros*
Mitterweg 115/25
A-6020 Innsbruck

Lektorat: Mag.[a] Judith Gorbach
Coverfoto: Mag.[a] Silvia Kössler
Autorenfoto: Christian Kössler
Gestaltung/Satz: Kulturrebellen Productions
Herstellung: Books on Demand GmbH, Norderstedt

Nr. 19 der Reihe
pyjamaguerilleros*

ISBN: 978-3-9503021-9-6

Innsbruck 2015

** Kleinverlag von Cognac & Biskotten - Dem Literaturclub mit dem Wow-Aha-Effekt - www.cobi.at - der unterstützt und gefördert wird von:*

INNS' BRUCK

tirol Unser Land

BUNDESKANZLERAMT ÖSTERREICH
KUNST

In Liebe für meine Frau Silvia
und meine Töchter Laura und Isabel

Vorwort

Als 2011 mein Buch „Unheimliches Tirol: 17 Geister- und Teufelssagen aus Nord-, Ost- und Südtirol, neu erzählt und in die Gegenwart verlegt“ erschien, war dies eine Reise entlang von Inn, Etsch und Eisack, bei der man auf den Spuren altüberlieferter Sagen wandeln konnte. Für dieses Projekt hatte ich je eine Geister- oder Teufelssage aus einem Bezirk oder einer Bezirksgemeinschaft ausgewählt, neu erzählt und in die Gegenwart verlegt.

Auch im vorliegenden Werk lade ich Sie, geschätzte Leserin, geschätzter Leser ein, sich auf eine schaurig-schreckliche Rundreise entlang des Alpenbogens zu machen. Sie führt von Innsbruck aus nach Südtirol, weiter nach Mailand, hinauf ins Tessin und nach Graubünden, um über Bayern und Salzburg im Tiroler Unterland zu enden. Wieder steht das Unheimliche und Unerklärliche, aber auch das Makabre im Vordergrund, wieder ist es der eine oder andere Text, dem eine traditionelle oder moderne Sage zugrunde liegt - oder in welchem zumindest ein Sagenmotiv auftaucht. Vielleicht ein Anreiz, selbst auf Spurensuche zu gehen?

Ich wünsche Ihnen eine gute Reise und viel Vergnügen beim Lesen!

Christian Kössler
im Herbst 2015

Inhalt

Freier Fall
Tirol (A)

Später Abend. Am Marktplatz, vorbei an Günter Großgasteiger, der noch einen letzten Kaffee trank, strömten die Menschen. Laut und leise. Die Verliebten und die Verlassenen. Die Zielstrebigen und die Zerrissenen. Die Hoffnungsvollen und die Enttäuschten. Die Glücklichen und die Gebrochenen. Die Seligen und die Verfluchten. Die Lebenden und die Toten.

Günter bezahlte, stand auf, ging zum Innufer und lehnte sich an die Brüstung. Ein großer Baumstamm trieb im Herbstnebel den Fluss entlang, trieb langsam, trieb lautlos und blass wie ein Gespensterschiff davon und verschwand dann in der Dunkelheit. Günter überquerte die Straße an der Brücke, blickte hinein in die Altstadt. Auch hier, wo das Goldene Dachl und die Gassen schweigsam die Massen duldeten, stillte man das Verlangen, die Sucht nach der Nacht und ihren Lichtern, ihrem Lachen, ihrem Lärm. Zahllose Stimmen unter Sternen. Manche tranken Wasser, manche Wein. Manche feierten Hochzeiten oder Auferstehungen. Das ewige Leben. Manche verfielen der Sünde. Und dem Teufel.

Sanfte Saxophonklänge von irgendwoher. Am Gehsteig sah er etwas abseits eine weiße Karte auf dem Boden liegen. Er ging hin und hob sie auf. Eine Adresse, mit der Hand geschrieben. Im Norden der Stadt. Er hatte Zeit, den Dingen auf den Grund zu gehen.

Günter lächelte, steckte die Karte ein und ließ sich treiben. Ließ sich treiben den Inn entlang, am Fuße dieses Gebirges. Der Asphalt der Promenade war feucht, die kugelförmigen Laternen standen geduldig. Im Hofgarten verloren die Bäume ihr Laub, hellbraun, dunkelbraun und gelb lag es in der Wiese, auf Geh- und Fahrwegen. Günter passierte die Fußgängerbrücke, an der immer noch Liebesschlösser hingen, vor ihm tauchte ein Baum mit leuchtend roten Blättern auf. Der erste Pylon der neuen Hungerburgbahnbrücke erschien, dann der zweite. Linker Hand führte der Weg hinunter zum Inn. Der Uferbewuchs war nun gewichen, wie stumme Wächter standen in regelmäßigen Abständen nur mehr einzelne Bäume da, die sich ihres Kleides entledigten. Dann kam der Steg, dann die alte Bahnbrücke am ehemaligen Rundgemälde, dann die Mühlauer Brücke. Wie ein Spinnennetz verliefen die Risse im Asphalt des Geh- und Fahrradwegs. Es dröhnte und wackelte, als ein Bus an Günter vorbeifuhr.

Im Norden. Vor der Haustüre eine alte Frau. Schwarz gekleidet. Furchen und Risse im Gesicht. Eine lange Nase. Sie hatte sich an die Wand gelehnt, kaute an einer kalten Zigarette herum. Günter ging auf sie zu. Über einen dunklen Fleck, der vor dem Haus auf dem Asphalt zu sehen war.

„Guten Abend. Ich habe... habe diese Karte mit dieser Adresse gefunden..."

„Es ist lange her. Viele Jahre. Und sie haben sich alle umgebracht. Alle..."

„Wer... wer hat sich umgebracht?"

„Sie will alleine sein. Ungestört. Sie duldet keine Gesellschaft. Von niemandem. Aber keiner begreift es. Keiner will es wahrhaben. Nur ich..."

Sie steckte die Zigarette in ihre Hosentasche und ging, ohne den Mann hinter ihr weiter zu beachten, ins Stiegenhaus. Günter folgte ihr.

„Wir müssen die Stiege nehmen. Der Lift ist neu und schon defekt. Sie kommen erst übermorgen, um ihn zu reparieren. Das sagen sie immer. Und wenn ich anrufe, weil sie nicht gekommen sind, sagen sie, sie kommen übermorgen…", schien sie mehr zu sich selbst als zu ihrem stummen Begleiter zu murmeln. Vier Stockwerke stiegen sie hinauf. Dann erreichten sie die letzte Etage, gingen den Flur entlang und standen vor einer weißen Türe. Die Frau kramte umständlich einen großen Schlüsselbund aus ihrer Hosentasche und schloss auf. Es war dunkel, doch Günter konnte deutlich erkennen, dass die Innenseite der Türe tiefe Kratzer und Dellen aufwies.

„Hier, in dieser Wohnung ist es passiert. Ein Elend, sage ich Ihnen. So ein junges Mädchen. Man hat sie an einem Dezembermorgen gefunden. Der

Frost war in der Nacht gekommen. Zuerst hat sie die Wohnung geputzt, gelüftet. Dann den Tisch gedeckt und gefrühstückt, Kaffee und warme Brötchen. Anschließend hat sie eine Zigarette geraucht, ein schwarzes Kleid angezogen und sich im Bad die Pulsadern aufgeschnitten. Gegen halb sieben ist sie gestorben. Halb sieben. Niemand hatte eine Ahnung, weshalb und warum sie sich das Leben genommen hatte. Aufgehört hatte, sein zu wollen. Eine arme, verirrte Seele. Ich weiß, dass sie keinen Frieden gefunden hat im Tod. Ich weiß es. Und sie ist immer noch hier. Sie ist hier! Irgendwann hat man sich erzählt, dass es in dieser Wohnung nicht mit rechten Dingen zugeht. Spuk und solche Dinge. Und dann sind sie gekommen. Junge Männer und Frauen. Eine Mutprobe war es, hier zu bleiben. Über Nacht..."

Sie starrte in die Dunkelheit der Wohnung hinein und lehnte sich an den Türstock. Günters Mund war trocken. Er hatte Durst. Und trotzdem hörte er der Frau weiter zu. Hörte zu, wie sie mit ihrer tiefen, langsamen Stimme weitersprach. Was auch immer hier passiert war, hatte Furchen und Risse in ihrem Gesicht, ihrer Seele und diesen Räumen hinterlassen.

„Fast alle sind schon vor dem Morgen gegangen. Haben die Wohnung verlassen, weil sie es nicht mehr ausgehalten haben. Aber die, die blieben... sie sind umgekommen..."

Sie schaltete das Licht ein und ging voraus, durch einen großen, spärlich möblierten Vorraum. Die Wände waren schmutzig weiß. Dann betraten sie das Wohnzimmer. Bücher, Zeitschriften, Mappen und Ordner.

„Sehen Sie das? Sie hat gerne gelesen und geschrieben. Ich habe sie manchmal auf Märkten gesehen. Sie... sie war ganz versessen auf all diese Bücher... Niemand hat sie danach jemals abgeholt. Sie stehen immer noch hier und erinnern an sie. Irgendwann habe ich die Wohnung versperrt und sie nicht mehr vermietet. Still und leer ist es. Nur mehr der Tod wohnt hier. Wenn Sie wollen, können Sie ihm Gesellschaft leisten…“, sagte sie, drehte sich um und ging in das Treppenhaus zurück. Ohne sich umzudrehen, eine Antwort abzuwarten, fügte sie noch hinzu:

„Ich bin einen Stock tiefer, in meiner Wohnung… Sie bleiben doch, oder?“

Es war keine Frage mehr. Eher ein Feststellen.

Günter stand auf der Terrasse der Dachgeschoßwohnung. Die hellroten Fliesen waren ausgebleicht von der Sonne. Er zündete sich eine Zigarette an, nahm einen Zug, schloss die Augen und ließ seinen Kopf nach hinten kippen. Es war weit nach Mitternacht. Ein leichter Wind strich über die Stadt. Über dieses Gebirge aus Stein, Beton und Glas im Herzen der Alpen.

Er ging wieder zurück in die Wohnung, schloss die Terrassentüre, streifte durch die Zimmer. Langsam schritt er sie ab, blieb immer wieder stehen. Aber da war nichts. Kein Tod. Kein Spuk. Nur Stille. Nur Leere. Nur nackter Parkettboden.

Dann stand Günter wieder im Wohnzimmer, vor dieser bedruckten Vertikalen. Einer Legion stummen, aneinandergereihten Wissens. Die Wände waren hier vollgestellt mit schweren Holzregalen, die beinahe bis an die Decke reichten. Das Interessenspektrum dieser Frau war erstaunlich gewesen. Belletristik, Reise- und Sprachführer, Wörterbücher, Zeitschriften, Aufzeichnungen. Aus allen möglichen Bereichen hatte sie Literatur zusammengetragen. Der Bestand war außergewöhnlich gut aufgestellt. Sie hatte einen eigenen Länderschwerpunkt eingerichtet, es gab Regale mit italienischen und französischen Klassikern. Und es gab außerordentlich viele Bücher, die sich mit Märchen und Sagen, mit Spuk und Gespenstern auseinandersetzten. Günter entnahm aus einem der obersten Regale ein Sagenbuch mit Texten aus dem Tiroler Raum. Er überflog die Seiten mit Frakturschrift – das Werk war weit über hundert Jahre alt – und musste schmunzeln, als er auf Seite vierundvierzig von einem geisterhaften Hund las, der hier im Innsbrucker Stadtteil Mühlau anscheinend des Öfteren gesichtet worden sein soll.

Dann fiel Günter ein weiterer Band auf, der den personifizierten Tod selbst im Laufe der Geschichte behandelte. Ein Stück Papier, eine Karte, steckte im Buch. Es war dieselbe wie die am Gehsteig. Dasselbe Material, dieselbe Stärke, dasselbe Format. Garantiert kein Zufall, oder? Er sah sich den Zettel näher an. Offensichtlich hatte sich hier jemand bemüht, den Begriff des Todes in verschiedenen Sprachen nachzuschlagen und diesen dann zu notieren.

Günter dachte an die Vermieterin, deren äußere Erscheinung durchaus an den Tod erinnerte. Er lachte. Eine Vermieterin als der Tod. Das klang spannend.

Er nahm das Buch und legte es auf den Wohnzimmertisch, den eine leichte Staubschicht bedeckte. Zwei eingetrocknete Flecken, vermutlich Rotwein, waren am Tischrand zu sehen. Günter zog sich seine Schuhe aus, legte sich auf das Sofa und versank in den Seiten, den Sätzen, den Zeilen und Worten.

Geöffnete Augen. Sonntagssonne verspottet sanft lächelnd die Dunkelheit. Auf den Straßen ist es ruhig. Die Vögel der Nacht sind in ihre Nester zurückgekehrt. Günter atmet Morgenluft. Er hat über fünf Stunden geschlafen, liegt noch auf dem Sofa. Eine Fliege landet auf dem sauberen Tisch, verharrt kurz und verlässt den Raum durch die Terrassentüre. Die Türe. Sie steht offen. Aber warum? Günter hatte sie verschlossen.

Er steht auf und starrt hinaus. Die Erinnerungen scheinen zerschnitten und kommen nur langsam wieder. Der Blick fällt zurück in das Wohnzimmer. Licht und Helligkeit. Die Flecken auf dem Tisch sind verschwunden. Es riecht nach Kaffee und frischem Brot. Wie ist das möglich? Die Schatten des Schlafes fallen ab von Günter. Langsam geht er in den Flur, hinaus in die Küche. Das Frühstück ist gedeckt. Es gibt Kaffee und warme Brötchen.

Günter stürzt zur Haustüre, will hinaus. Die Türe ist fest verschlossen. Das Schloss verriegelt. Er hämmert gegen das Holz, drückt und kratzt. Er hört im Badezimmer Geräusche. Jetzt… jetzt weiß er, warum die Türe so beschädigt ist. Jetzt weiß er es und lässt ab von ihr.

Niemand entkommt dem Tod. Das Bad. Licht brennt. Es fällt durch den Türspalt ins Zwielicht des Flurs. Das schwarze Kleid. Das Bad. Kurz vor halb sieben.

Der Schrei ist gut im Haus zu hören. Auch die alte Frau hört ihn, schüttelt den Kopf. Die Sense im Eck ihres Zimmers und ihr Stundenglas zittern kurz. Dann nimmt sie einen Stift und einen Block in ihre knöcherne Hand. Sie macht einen Strich in der Liste. Die Zeit ist abgelaufen. Günters Körper schlägt um halb sieben vor dem Haus auf dem Asphalt auf.

Rotwein
Südtirol (I)

auf glattem grau des felsens
dem haltlosen blau des himmels entgegen
der wind fährt durch die wand und flüstert:
‚kehr um, kehr um'
durch rinnen und risse
gegossen in die wand
fährt der wind und flüstert:
‚kehr um, kehr um'
zu spät
im freien fall
schreit die wand
und schweigt
danach

„Sie sagen ernsthaft, ich sei nun verrückt geworden. Einfach so sagen Sie das. Aber… ich bin nicht verrückt. Ich habe nur konsequent, nur beharrlich, nur wieder und wieder erwähnt, dass ich ihn immer noch sehen, hören, fühlen kann. Meine Seele ist in Brand gesetzt. Und manchmal wird sie kalt wie Schnee, friert wieder und erstarrt zu Eis wie einst der Riese Ortler, an dessen Abhängen ich ihn für immer verloren habe.

Unvergessen. Er hauchte meiner Haut wieder Leben ein. Haut, die angewidert war vom Alltag des Tages und der Allnacht der Nacht. Haut, die ausgezehrt und angeekelt war. Haut, die jetzt müde und alt geworden ist. Die zittert. Die jetzt stillgelegt wurde. Die so gern… so gern noch einmal seinen Hauch gespürt hätte. Haut, die nun kalt geworden ist und aufgehört hat zu atmen. Ich bin allein. Allein mit meiner Seele, die nach Hilfe schreit, weil sie ihn loslassen musste damals in den Bergen. In den kahlen Felsen. In dieser verdammten Wand.

Der Fluss, an dem ich sitze, ist grau. Der Regen, der das Tal flutet, ist kalt. Kaltes Wasser, das an kahlen, knorrigen, knochigen Ästen herabläuft. Ich zittere. Wie kann LEERE da sein?

Wie konnte er versprechen zu bleiben, wo er für immer gegangen ist? Welche Türe hat er geöffnet? Welchen Weg eingeschlagen?

Ich fühle, dass er niemals wirklich angekommen ist, denn ich spüre immer wieder die Kälte im Raum, die langsam und schwer am Boden entlangkriecht. Er will zu mir zurück. Wie konnte er versprechen zu bleiben?

Dunkel. Alles. Es ist einfach nur mehr dunkel. Seit er gegangen ist, ist da kein Licht mehr, keine Wärme, kein Lachen. Nur Stille, nur Kälte, nur mehr ein schwerer Schleier, der nicht mehr von mir will.

Haltlos irre ich durch die Nacht. Es gibt keinen Tag mehr für mich. Alles ist finster. Nur mehr Dunkelheit. Meine Wege verlieren sich und sind nicht mehr dieselben. Obwohl ich sie wie damals mit ihm gehe, leuchten jetzt nur mehr trügerische Irrlichter und locken mich abseits in den Sumpf, in das Moor, in den Schlamm, in den Morast, wo ich den Halt unter den Füßen nun zum zweiten Mal endgültig verliere, nachdem er mir durch seinen Tod schon genommen wurde.

Ich weiß nichts mehr, bin leer. Bin leer und ziellos. Habe nur mehr den Wunsch, ihm zu folgen. Gehe in meinen Träumen auf den Abgrund zu. In meinen düsteren Träumen, die brüchig wie sprödes Glas sind. Jedes Mal, wenn sie zerspringen, stecken ihre Splitter tief in meinem Fleisch. In meinen Träumen gehe ich weiter und weiter… und gehe zu ihm."

Sein furchtbarer Tod in den Felsen musste entsetzlich für sie gewesen sein. Lähmung und Starre, Verzweiflung und Dunkelheit. Tage, Wochen, Monate. Dann der Versuch, anzukämpfen, vergebens nach Luft zu schnappen, zu schwimmen, um doch unterzugehen. Im grenzenlosen Leid zu ertrinken. Sie waren all die Zeit gemeinsam im Rampenlicht gestanden, hatten gemeinsam ihre Träume und Wünsche gelebt, hatten den Weg auf ihren Reisen und Touren immer gemeinsam gefunden, weit über die Grenzen ihrer Südtiroler Heimatgemeinde hinaus. Hatten ihre Eindrücke, ihre Ängste und Hoffnungen verarbeitet, zusammengefasst und niedergeschrieben, hatten daran teilhaben lassen. Lesungen, Vorträge, Präsentationen. Waren zusammengeschweißt, waren unzertrennlich gewesen, hatten sich am letzten Limit den Halt gegeben und die Hand nicht losgelassen. Bis zu jenem so unglaublichen, so grausamen Tag.

Jetzt war sie alleine. Und alleine war sie mit ihrem unfassbaren Schmerz nach außen getreten, schrieb ihn auf, zeigte ihn, wollte dagegen angehen, hatte sich geöffnet. Vergessen schien unmöglich. Vergessen hätte bedeutet, ihn für immer aufzugeben. Ohne Widerstand. Es hätte bedeutet, ewig am grauen Fluss zu sitzen, im kalten Regen der Gleichgültigkeit. Sie wollte nicht vergessen. Sie konnte nicht vergessen, sagte sie. Zu stark war die Erinnerung, zu groß der Schmerz, der sich in ihre Seele eingebrannt hatte, der ihr die Kehle zudrückte, ihr Herz abschnürte. Nun hatte sie diese unsagbare Qual zu Papier gebracht. Sie schilderte sie, sie gab sie preis, rannte gegen diese verletzende Vergangenheit an und hinterließ dabei ein nachdenkliches, ein verstörtes Publikum. Sie sprach davon, dass sie sich stellen, dass sie ständig wiederkehren müsse zu jener verhängnisvollen Wand. Der Berg, dieser furchtbare Riese habe ihr vielleicht seinen Körper genommen, niemals aber die Erinnerungen an ihn und an eine viel bessere Zeit.

Sie schrieb sich den Schrecken vom Leib. Ihre ganz persönliche Hölle wurde nun spürbar, wurde greifbar und real. Für alle. Für alle, die ihr zuhörten. Geblieben war die Erinnerung, waren stets die zwei Gläser Rotwein, die sie danach immer getrunken hatten. Eines sie, das andere er. Sie bestellte die beiden Gläser jedes Mal, bei jedem einzelnen Termin… und ließ das seine einfach stehen. Im Gedenken, wie sie sagte. In stiller Verbundenheit. Bis über den Tod hinaus.

Er würde unauslöschlich sein, sie immer verfolgen und wiederkehren, dieser Tag. Sie dachte noch oft an die Fahrt, vorbei an den Menschen, den Häusern, den Steinmauern, den Kreuzen, hinauf in den oberen Vinschgau, ins Ortlergebiet. An den Aufstieg. An den Wind. Und an die Wand, vor der sie schlussendlich standen. Steil, dunkel, furchteinflößend.

Sie war perfekt. Perfekt gewählt. Ohne Zweifel. Kaum einzusehen. Versteckt. Er war völlig ahnungslos. Nicht einmal, als sie im Felsen leise das Lied des Verrats zu singen begann, schöpfte er Verdacht. Erst als er in ihr Gesicht sah, in diese verfluchten blauen und kalten Augen, wurde ihm klar, was sie wollte. Sie hatte ihn getäuscht. Und sie würde danach auch alle anderen täuschen. Sie würde das Interesse auf ihrer Seite haben. Aus seinem Schatten treten. Endlich im Licht stehen. Den Rotwein alleine trinken.

Sie lächelte, als er fiel. Es dauerte nur kurz. Nur Sekunden. Dann war es vorbei. Die Wand hatte geschrien. Und danach geschwiegen. Für ihn. Für immer.

Legende
Lombardei (I)

Als er in Innsbruck in den Waggon gestiegen war und sich die Zugtüren geschlossen hatten, überkamen ihn erste Zweifel. Ohne genauere Hinweise würde er diesen Park niemals finden. Nicht in einer Millionenstadt wie Mailand. Im Grunde würde er einem Phantom hinterherjagen, einer Geschichte, einer alten norditalienischen Sage. Es gab nicht viel Konkretes. Es war nur eine Geschichte. Eine, die ihn faszinierte, die er in einem Buch aus den 70er-Jahren entdeckt hatte und deren Spuren er folgen wollte. Alleine. So wie sein ganzes Leben schon. Die Nachmittagssonne drang nun in das Abteil des Wagens. Er saß alleine da, gedankenverloren, starrte müde durch seine dicken Brillengläser aus dem Fenster und nachdem der Zugbegleiter die Fahrscheine kontrolliert hatte, schlief er ein.

Als er aufwachte, hatte sich die Landschaft geändert. Der Zug verließ gerade das breite Becken Sterzings und folgte den Schienen dem Eisack entlang bis nach Bozen, weiter, weiter in den Süden. Als er in Verona umstieg, türmten sich im Westen über der Lombardei dichte Wolken am Himmel und ließen die Sommersonne verschwinden. Er erreichte Mailand am frühen Abend.

Es war der siebte Tag. Das Leben vor Lorenz pulsierte, bebte, dröhnte. Menschen fanden ihre Wege entlang weißer Straßenmarkierungen durch die Straßen und Gassen der Stadt. Es war gegen elf Uhr abends. Ein leichter Wind strich über dieses Gebirge aus Stein, Beton und Glas in Sichtweite des Alpenbogens über das verschachtelte, wirre Häusermeer des Zentrums und machte so die Hitze der Sommernacht erträglich. Er war an diesem Abend bei Anbruch der Dämmerung mit der M2 zur Porta Genova gefahren, Straßenhändler boten ihre Ware an, eine stark geschminkte Frau kaufte zwei Fächer gegen die Hitze, wedelte damit pausenlos vor ihrem Gesicht herum und verschwand in der Menschenmenge.

Lorenz war durch die Via Casale gegangen, weiter am Naviglio Grande entlang und hatte sich in ein Straßencafé gesetzt in der Nähe der Darsena, dem Hafenbecken, das mit dem Naviglio Grande und dem Naviglio Pavese belebte und doch irgendwie nachdenkliche Zeugen einer einst vom Wasser beherrschten Stadt darstellte. Die Leute aßen, sie tranken, sie redeten vom guten Essen, von guter Mode, vom guten Fußball. Er blickte den zahllosen Touristinnen und Touristen nach, die sich hier mit Stadtführern, Plänen und irgendwelchen Apps auf ihren Smartphones durch die Stadt navigierten. Ein fantastischer, nicht abreißender Menschenstrom, den Geruch dieser heißen Nacht atmend.

Lorenz trank seinen Espresso aus und starrte auf den Tisch. Die Entscheidung war gefallen. Mit seinem Vorhaben hatte er abgeschlossen. Endgültig. Nach sieben erfolglosen, glücklosen, langen Tagen und Nächten in dieser Stadt, in Mailand. Morgen würde er nach Hause fahren, wieder zurück in die Berge. Es war sinnlos gewesen, nach einer Legende zu suchen. Er hatte sich verrannt in diese Idee, war in ihr aufgegangen. Was sollte es? Das alles war fehlgeschlagen. Morgen… morgen würde er nach Hause fahren und woanders nach weiß Gott wem oder was, nach einem Ende seiner Einsamkeit suchen...

Lorenz wollte bereits aufstehen, als ihm schlagartig bewusst wurde, dass er sie gefunden hatte. Ohne Zweifel. In diesem Augenblick… Die Frau hatte am Nebentisch Platz genommen, saß da, in einem langen Kleid, schwarz und glänzend, auffallend, alle Blicke auf sich ziehend. Sie trug schulterlange Haare und einen Schleier, der ihr blasses Gesicht verhüllte. Die zarten, gepflegten Hände standen im Gegensatz zu ihren eigenartig spitzen, krallenartigen, blutrot lackierten Fingernägeln. Gegenüber saß ein junger Mann, korpulent, in einem viel zu engen Designer-Anzug. Die blonden Haare hatte er streng nach hinten gekämmt, den Vollbart mit Perfektion zurechtgezirkelt. Er grinste sie immer wieder an. Es war ein dämliches, ein widerwärtiges Grinsen, seine ganze Erscheinung wirkte abstoßend und unsympathisch. Die beiden unterhielten sich auf Italienisch und Lorenz wurde schnell klar, dass dieser Mann da offenkundig ein Ausländer war. So gut er sich artikulierte, so flüssig er sprach, schimmerte immer wieder ein fremder Akzent durch. Er redete immer mehr, verlor sich in einem Wortschwall. Pausenlos, ließ sich nicht unterbrechen, bestellte Kaffee und grinste sogar noch, wenn er die Tasse mit wulstigen, groben Fingern zu seinen dicken Lippen führte und seinen mit gebleichten Zähnen versehenen Mund öffnete. Die Frau hörte ihm geduldig zu, faltete ihre Hände und stützte ihr Kinn darauf. Es war völlig klar, was für ein plumpes Schauspiel vor den Augen von Lorenz ablief. Er hatte sich mittlerweile noch ein Bier bestellt und dann noch eines. Diese Darbietung, dieser gnadenlose Eroberungszug des Herrn im Anzug neben ihm war jeden einzelnen verdammten Cent wert.

Kurz vor Mitternacht bezahlte der Mann schließlich und die beiden brachen auf. Lorenz beglich ebenfalls seine Rechnung und folgte dem seltsamen Paar. Warum war sie hier, mitten unter all diesen Menschen, aufgetaucht? Weshalb hatte sie ihr Haus, ihren Park verlassen? Gab es ihn nicht mehr? War sie deshalb gegangen, auf der Suche? Oh, sie war ganz gewiss eine grandiose, geniale Schauspielerin, diese Schönheit. Sie lachte immer wieder laut über die Scherze ihres Begleiters, seine Witze und Anekdoten, hakte sich demonstrativ bei ihm ein, um ihm noch näher zu sein, hauchte ihm immer wieder Sätze in sein Ohr, strich mit ihren blassen Fingern über sein grässliches, aufgeschwemmtes Gesicht. Und er ahnte, ahnte, ahnte nicht das Geringste…

Lorenz ließ sich treiben, rastlos durch dieses Gebirge und die Schluchten der Stadt, vorbei an Zakken, Zinnen, Vorsprüngen, Türmen und Kaminen.

Mit jedem einzelnen Schritt wuchs nun seine Überzeugung, dass er bald am Ziel, dass es nicht nur eine bloße Legende war, der er folgte. Allmählich wurden die Konturen der Straßennamen und Hausnummern unscharf, formlos, begannen langsam zu verschwimmen. Die Straßen und Gassen, durch die er die beiden verfolgte, wurden immer leerer und stiller, Tauben von großen Raben abgelöst. Über begrünten Balkonen, Terrassen und den Dächern einer Häuserzeile, oben am heißen Nachthimmel, bewegte sich der Arm eines gigantischen Baukrans im Wind, leichtes Donnergrollen in der Ferne kündigte ein nahendes Gewitter an. Es ging über glatten Asphalt, dann über Kopfsteinpflaster, bis das Paar vor Lorenz durch ein schweres Gitter, an dem die grüne Lackierung bereits abblätterte, in einem Seiteneingang verschwand. Ihr Verfolger blieb ihnen auf den Fersen, überzeugte sich, dass ihn die beiden nicht gesehen hatten und schlich, vorbei an zwei streunenden, schwarzen Katzen im Schutz der Dunkelheit weiter. Die Frau und ihr Begleiter waren nun die Treppe einer alten Villa emporgestiegen, sie hatte die Türe aufgesperrt und dann waren die beiden im Haus verschwunden. Rasch blickte sich Lorenz noch einmal nach allen Seiten um. Wo um alles in der Welt war er hier gelandet? Er hatte völlig die Orientierung verloren, aber jetzt gab es kein Zurück mehr. Er musste ihnen folgen. Er musste…

Lorenz schlich die Treppe hinauf, drückte vorsichtig die Klinke. Die Türe war nicht versperrt. Dann betrat er die Villa und erhielt die letzte Bestätigung, die endgültige Gewissheit. Er hatte die Höllenpforte geöffnet. Hier war der Tod zuhause. Es roch nach Feuchtigkeit, nach Verwesung. Lorenz befand sich in fast völligem Dunkel, in einer riesigen Halle, durch milchige Fenster nur wenig aufgehellt, umgeben von zahllosen, verrotteten Holzkisten, gefüllt mit fauliger Erde. Ratten flüchteten panisch vor dem Eindringling in eine Ecke. Hatte sie sich hier ihre neue Bleibe gesucht? War ihr der Park, von dem in dieser Sage die Rede gewesen war, zu unsicher geworden? Wohin waren die beiden gegangen? Jetzt hörte Lorenz Gelächter aus dem ersten Stock. Er schritt langsam die große Empfangstreppe empor, die in einen langen Gang mit kahlen, kalten Wänden mündete. Keine Bilder, keine Kästen oder Truhen standen hier, es gab nur diesen nackten Flur. Das Mauerwerk schien uralt zu sein, bröckelte und wies zahlreiche Löcher und Risse auf. Dieses Haus war nach Jahrhunderten dem Untergang geweiht. Es starb…

Dann hörte Lorenz den furchtbaren Schrei, der ihm bis ins Mark fuhr. Linker Hand, wenige Meter vor ihm, stand eine Türe weit offen, Licht drang nach außen. Lorenz zögerte nur kurz, dann ging er langsam weiter und blickte vorsichtig in einen großen Raum, den zahlreiche Kerzen erhellten, die gegen die Dunkelheit, die schwarzen Vorhänge, Blumenvasen, Gedecke, Stühle kämpften. Alles hier war schwarz, wie bei einer Trauerfeier. Wie in dieser Geschichte. Hier war der Tod zuhause. Kein Zweifel. Zur Rechten, in der Mitte des Raumes, befand sich wieder eine Türe. Sie war angelehnt, durch den Spalt drang ein ersticktes Röcheln, dann ein Gurgeln. Entsetzliche Laute vom Todeskampf eines Menschen, der hier sein Ende fand, seine selbst gewählte Bestimmung. Lorenz wusste es und doch konnte er nicht kehrtmachen, nicht flüchten aus diesem verwünschten, heimgesuchten Haus des Grauens, denn er verspürte einen unbändigen Zwang, hinzugehen, selbst zu sehen. Zu verstehen. Zu glauben. Näher und näher ging er, öffnete die Türe, vorsichtig, langsam, schob den Vorhang des Entsetzens zur Seite, um sich mit dem Unsagbaren zu konfrontieren.

Um zu scheitern, zu schreien, um es nicht auszuhalten. Um zu flüchten. Er rannte hinaus auf den dunklen Gang, gepackt vom puren Irrsinn die Treppen hinunter, stieß an die Holzkisten, von denen er wusste, dass sie nichts anderes waren als Särge, Särge, Särge… Er lief weiter, durch das Gitter hinaus auf den rissigen, verschmutzten Gehsteig. Man blieb stehen, sah ihn, der völlig verwirrt durch die Nacht hetzte, verwundert an, während er in diesem Albtraum gefangen war, sich aus ihm zu winden versuchte und keinen Ausweg mehr fand. Nach einigen Minuten ließen seine Kräfte nach, er wurde langsamer, jede einzelne Faser, jeder Muskel und Knochen seines Körpers schmerzte. Er fühlte sich elend, ausgelaugt, müde. Lorenz setzte einen Schritt vor den anderen, torkelte, bewegte sich vorsichtig und träge, starrte auf den Asphalt vor sich, wich den entgegenkommenden Passanten aus, wandte seine Blicke von den ihren ab, spürte ihre Fragen. Er schaute auf seine Uhr, während die Bilder in seinem Kopf Schritt für Schritt klare Bilder von diesen Momenten des Wahnsinns zeichneten, noch einmal das ganze Grauen widerspiegelten. Alles war so klar, so schrecklich. Es gab sie wirklich. Sie war kein Hirngespinst, sondern blanke Realität. Ein schauderhaftes Relikt der Vergangenheit inmitten dieser modernen Millionenstadt. Blanke Realität. Sie hatte offenbar wirklich die elegante Villa in ihrem Park verlassen, hatte dieses verfallene Haus bezogen, machte nun Jagd in den nächtlichen Straßen und Gassen Mailands auf die Ahnungslosen und Verblendeten, streifte wie eine hungrige schwarze Wölfin auf der Suche nach frischem Fleisch umher. Sie lockte sie fort, lockte sie hin zu ihrem Schreckenshaus, aus dem es kein Entkommen gab, nur den sicheren Abstieg in einen finsteren, immerwährenden Albtraum voller Schmerz und Qualen. Und wenn diese Unwissenden meinten, Glück, Geld und den Himmel zu finden, so fanden sie letztlich nur ihre ganz persönliche Hölle. Sie brauchte Blut, das sie da draußen, draußen auf der Straße nicht bekam. Sie brauchte das Blut, um ihre Jugend wiederzuerlangen. Deshalb musste sie diese Männer gewinnen, sie dazu bringen, ihr in das Haus zu folgen, wo sie ihr wahres Gesicht, jenes des grausigen Todes, zeigte und die spitzen Zähne ihres Totenschädels in die Kehlen der Unglücklichen schlug. Sie war Realität. Realität und keine Legende mehr…

Nach Stunden hatte er es zum Hotel geschafft, ausgelaugt, voller entsetzlicher Gedanken und im Besitz der Wahrheit. Er würde diese Wahrheit in die Welt hinaustragen. Alle sollten es wissen. Er hatte sie entdeckt, war mit ihr davongekommen. Als Lorenz um seinen Schlüssel fragte, lächelte ihn die Dame an der Rezeption freundlich und doch leicht irritiert an. Die Frau habe ihn sich schon geholt. Sie sei bereits im Zimmer. Sie warte. Auf ihn.

Er wurde blass, sein Mund schlagartig trocken. Nein. Nein, das sei unmöglich, sagte er. Das könne nicht stimmen. Auf gar keinen Fall. Und überhaupt… Aber… aber das würde sie nicht verstehen. Niemals. Er schüttelte den Kopf, er drehte sich um, drehte sich im Kreis, ging einige Schritte rückwärts und blieb stehen. Er starrte auf die Bilder im Hotelfoyer, auf die frischen Blumen, die roten Ledersofas, die Glastische, die bunten Vorhänge.

Es war das Unmögliche, das Undenkbare, das ihn die Treppen hinauf trieb. Es konnte nicht sein. Weiter aufwärts, den Blick auf roten Teppich gerichtet. Starr, fixiert, ging er dem Unfassbaren entgegen. Die langen Flure waren leer. Das Nachtvolk lag mit ausgestreckten, ermatteten Flügeln in den weiß überzogenen Betten der zahllosen Hotelzimmer. Die langen Flure waren leer. Kein Lachen, keine Stimmen, kein einziger Ton. Auch die Stadt schlief noch. Er ging weiter, immer weiter. Schritte. Schritte. Schritte. Die Türe.

Er kam näher. Und näher. Seine Hände verkrampften sich. Die Türe. Es war nicht mehr weit.

Er öffnete die Türe. Halbschatten. Er schaltete das Licht ein. Dann öffnete er seinen Mund, um zu schreien. Um die Angst aus der Seele zu brüllen. Dem Tod entgegen. Im Osten ging langsam die Sonne auf.

Irgendwann
Tessin (CH)

Nichts ging mehr. Nichts. Ein gutes dutzend Mal hatte ich verzweifelt und ungeduldig den Zündschlüssel gedreht. Das Resultat war immer gleich null. Nur ein kurzes, ein klägliches Heulen aus dem Motorraum war zu hören, das mit jedem neuen Versuch immer leiser und leiser wurde. Nichts ging mehr. Nicht einmal das Autoradio. Zu allem Überfluss befand sich auch mein Smartphone seit etwa einer halben Stunde außer Gefecht und nun, vom einen auf den anderen Moment, hatte mein Wagen den Dienst versagt. Ich hing fest. Mitten am Abend, mitten im Malcantone, zwischen Luganer See und dem Lago Maggiore, in einem dunklen Waldstück bei strömendem Regen. Ich ließ meinen Kopf resigniert auf das Lenkrad sinken, das kurz vibrierte, als ich es mit der Stirn berührte. Ich seufzte und rieb mir die Schläfen, während der Niederschlag laut und unrhythmisch auf das Autodach prasselte. Wenn es im Tessin schon regnete, dann ordentlich und ohne Kompromisse.

Ich betätigte den Hebel für die Entriegelung der Motorhaube und zwängte mich umständlich in meine Jeansjacke, um mich wenigstens ein wenig vor dem Regen zu schützen. Dann nahm ich aus dem Handschuhfach die kleine, silberne Stabtaschenlampe und wollte noch einen Kaugummi aus der Verpackung, die im Fach lag, herausdrücken. Ich war zu schwungvoll. Mit einem Knacken sprang er heraus, prallte gegen mein Knie und verschwand irgendwo unter dem Beifahrersitz. Spurlos. Ich gab es auf. Nicht einmal das hier funktionierte, es war wie verhext! Dann stieg ich aus. Im Grunde genommen war das eine völlig sinnlose, zum Scheitern verurteilte Aktion, denn selbst wenn ich irgendeinen Fehler, einen Defekt ausfindig machen würde, hätte ich ihn ohnehin nicht beheben können. Mein Verständnis, was Autos betraf, endete beim Öffnen des Tankdeckels, dem Befüllen der Wischflüssigkeit und dem Wechseln der hinteren Glühlampen. Jene der Frontscheinwerfer erforderten Geschick, Geduld und Erfahrung. Drei Tugenden, die ich bei PKWs nicht wirklich vorweisen konnte.

Der Regen kam hektisch, kam unbarmherzig und unabänderlich herab. Ich lief gebückt zur Motorhaube, zog sie rasch hoch und leuchtete ins Innere, auf den Motorblock, auf Schläuche, Schrauben und Dichtungen. Die Aussichtslosigkeit meines Vorhabens hätte größer nicht sein können, denn die Taschenlampe, die aufgrund einer schwachen Batterie ohnehin nur mit halber Kraft arbeitete, leuchtete die Innereien des Autos nur spärlich aus, während mir langsam das Wasser durch die Halbschuhe drang und sich dort seinen Weg durch die Socken auf meine nackte Haut suchte. Was zum Teufel erwartete ich hier? Vielleicht einen freundlichen, in roter Signalfarbe aufgemalten Hinweis, worin genau der aktuelle Defekt eigentlich bestand und wie man ihn allenfalls beheben konnte?

Ich knallte die Motorhaube wieder zu und suchte sofort wieder den Schutz des Wageninneren. Dort entledigte ich mich wieder meiner Jeansjacke, die sich in einem erbärmlichen Zustand befand. Sie war triefend nass, ein Tauchgang im Luganer See hätte nicht mehr anrichten können. Gerade wollte ich meine völlig durchnässten Schuhe und Socken näher inspizieren und bückte mich hinunter, als plötzlich etwas dumpf gegen das Seitenfenster klopfte.

Ich schreckte hoch. Überrascht, mein Herz raste. Durch die Scheibe konnte ich schwach eine etwas kleinere Frau entdecken. In der einen Hand hielt sie einen schützenden Regenschirm, in der anderen eine Taschenlampe, mit der sie auf das Auto leuchtete.

„Kommen Sie schon heraus. Na los doch! Hier können Sie nicht bleiben. Mein Haus steht hier oben am Hang! Kommen Sie doch!"

Mit diesen Worten deutete sie, wild mit der Taschenlampe gestikulierend, auf eine etwas höher gelegene, verschwommene Lichtquelle abseits der Straße, die ich noch nicht bemerkt hatte. Es gab kein langes Überlegen, sie hatte völlig Recht. Was sollte ich denn hier? Was denn?

„Vielen Dank, danke sehr!", brachte ich heraus, während ich im Schutze des Regenschirms aus dem Wagen kletterte. Die Frau lächelte kurz und freundlich, hob den Schirm etwas höher, damit ich mir nicht den Kopf anstieß und wir gingen rasch einige Meter die Straße entlang, überquerten eine schmale Brücke, auf der vermutlich keine zwei Fahrzeuge nebeneinander Platz gehabt hätten, um direkt danach links einen steilen und schlecht asphaltierten Zufahrtsweg hinaufzueilen. Die Frau, gewiss schon im Ruhestand, so viel traute ich mich zu schätzen, war in einem erstaunlich guten körperlichen Zustand, denn während meine Atmung aufgrund des Tempos doch schon leicht in Bedrängnis geriet, war ihr die Anstrengung nicht anzumerken. Dass sie allerdings mehrfach in Richtung des Autos zurückblickte, entging mir nicht.

„Sie müssen hier wohl des Öfteren gestrandete Autofahrer retten, oder? Das ist ja ein ordentliches Tempo, das Sie da vorlegen…"

Jetzt, nach einer scharfen Biegung, mitten im Wald, tauchte ein kleines, einstöckiges Wohnhaus auf. Im Erdgeschoß brannte in einem Zimmer Licht.

„Nein, nein, das nicht gerade. Aber diesen Weg hier gehe ich durchaus nicht nur einmal am Tag. Kurzstrecken sind meine Spezialität, müssen Sie wissen… So, gleich haben wir es geschafft…"

Wir erreichten das Haus, sie schloss die Türe hinter uns und sperrte damit dieses fürchterliche Gewitter aus. Eine angenehme Stille empfing mich, nur von irgendwoher vernahm ich leise Musik. Ich befand mich in einem kleinen Vorraum, der von einer antiquierten Deckenlampe ausgeleuchtet wurde. Am Boden standen mehrere Wanderschuhe sowie ein Paar Gummistiefel in einer Kunststoff-Abtropftasse.

„Bitte! Stellen Sie Ihre Schuhe dorthin…"

Sie deutete auf einen freien Platz neben den Stiefeln und gab mir, nachdem ich Schuhe und Socken ausgezogen hatte, ein Paar Hausschuhe.

„Die sollten passen, so wie ich das sehe…"

Dann folgte ich ihr nach rechts durch eine Türe in den Raum, den ich von außen her beleuchtet gesehen hatte. Ein gemütlich eingerichtetes Wohnzimmer, in dessen Ecke ein riesiges, rotes Sofa stand. Bücherregale und Landschaftsbilder dominierten die Wände zu allen Seiten, auf einem Beistelltisch stand ein Radio, aus dessen Boxen italienische Musik klang. Unter dem Fenster befand sich ein Regal, auf dem Kerzen brannten. Zehn Kerzen. Drei Fotos standen dazwischen. Ein älterer Herr, daneben zwei junge Männer. Die Frau wies freundlich auf das Sofa, verschwand kurz in einem Nebenraum und kehrte dann wieder mit Wein und Orangensaft zurück. Beides stellte sie auf den Glastisch vor mich hin. Mein T-Shirt war an den Schultern noch nass, auch die Jeans. Immerhin war ich meine Schuhe nun endlich losgeworden.

„Da hat es Sie aber ganz schön erwischt... Sie hätten sich einen besseren Abend für unser Malcantone aussuchen können... Übrigens: Mein Name ist Fernand! Clara Fernand!“

„Matteo Menghini! Haben Sie nochmals vielen Dank für Ihre Gastfreundschaft! Vielleicht... vielleicht ist es ja möglich, jetzt gleich einen Pannendienst anzurufen, damit ich Ihnen nicht unnötigerweise zur Last falle“, erwiderte ich und trank einen großen Schluck Orangensaft. Sie lächelte mich wieder freundlich an und schüttelte den Kopf.

„Ich habe kein Telefon hier. Schon seit Jahren nicht mehr. Sie sind selbstverständlich für heute mein Gast. Holen Sie sich aus Ihrem Auto, was Sie für die Nacht benötigen... Morgen, morgen werden wir dann weitersehen...“

Meine Einwände waren vergeblich. Das Letzte, was ich wollte, war, einer älteren Frau zur Last zu fallen und mich hier einzuquartieren. Doch einen Widerspruch schien sie nicht zu dulden, was sie mir mit einem erneuten und beharrlichen Kopfschütteln signalisierte.

So stieg ich noch einmal in meine durchnässten Schuhe, hastete mit dem Regenschirm hinunter zum Auto und kehrte mit meiner kleinen Reisetasche zurück. Als ich das Wohnzimmer wieder betrat, stand Frau Fernand am Fenster und starrte hinaus ins Unwetter. In ihrer Hand hielt sie ein Weinglas. Ihre Hand zitterte ein wenig.

„Wie sind Sie denn eigentlich hier gelandet? Sie werden sich doch nicht verfahren haben?"

„Oh, nein, nein. Ich… also, ich bin eigentlich auf dem Weg zu den Filmfestspielen nach Locarno. Ehrlich gesagt wollte ich heute noch ein wenig hier die Gegend genießen, ein bisschen spazieren gehen und dann auf mein Glück hoffen, eine günstigere Bleibe zu finden als direkt am See…"

„Das Glück ist auf Ihrer Seite…", schmunzelte sie, entfernte sich vom Fenster, trat näher und blieb einige Schritte vor mir stehen. „Wenngleich die Wege zum Glück mitunter seltsam sind…"

Dann setzte sie sich auf einen schmalen, gepolsterten Lehnstuhl, der sich gegenüber der Couch befand. Sie trank noch einen Schluck Wein und murmelte:

„Ach ja, nach Locarno... Die Filme..."

Draußen blitzte es unvermittelt, es wurde kurz taghell. Sekunden später grollte der Donner über dem dunklen Malcantone. Clara Fernand schaute aus dem Fenster. Zum wiederholten Male.

„Seien Sie froh, dass Sie jetzt unter Dach sind. Wer weiß, wie lange das mit dem Auto gedauert hätte. Es wäre kein Spaß gewesen, bei diesem Wetter auf die Pannenhilfe zu warten, so einsam im Auto... Ein bisschen unheimlich da draußen jetzt, finden Sie nicht? Wer weiß, vielleicht begegnen Sie ja in Locarno dem Marchese und dem Bettelweib? Sie kennen doch die Erzählung, oder? Heinrich von Kleist? Was diese Gegend hier betrifft, so können wir zwar nicht mit einem derart literarisch bekannten Gespenst aufwarten, aber... aber immerhin erzählt man sich hier die Legende vom Wolf von Curio... Haben Sie schon einmal davon gehört? Oder vom Drachen von Breno? Der hat es sogar einmal auf eine Sondermünze geschafft, in den 90er-Jahren. Ein doch recht beachtlicher Erfolg für eine Sagengestalt, oder?"

Sie lächelte sanft, dann wurde ihr Blick wieder ernst. Sie goss sich noch etwas Wein nach, stand auf und ging erneut zum Fenster. Warum nur dieses Fenster, warum diese offensichtliche Ungeduld, die sie zwar gut kaschierte, die mir aber nicht verborgen blieb? Erwartete sie noch jemanden? Jetzt, um diese Zeit? Es war kurz vor Mitternacht. Ich war neugierig, beschloss, sie direkt zu fragen. Ich wollte es wissen.

„Darf ich Sie etwas fragen? Etwas... sehr Persönliches?"

„Aber selbstverständlich..."

„Ich… ich habe das Gefühl, dass Sie auf jemanden warten. Sie blicken immer wieder zum Fenster hinaus. Sie haben Kerzen aufgestellt, Fotos. Fotos von ihrem Ehemann, wie ich vermute. Und von zwei jungen, gerade erwachsenen Männern. Ihre Söhne? Sind sie… weggegangen oder sind sie…?

Sie schaute mich an. Ein trauriger, durchdringender Blick. Ihre Augen glänzten. Dann lächelte sie.

„Schon immer gab es Auswanderer aus dem Tessin. Architekten, Künstler, aber auch Menschen, die vor der elenden Armut flohen, einfach gingen. Viele für immer… Im 19. Jahrhundert waren es sogar Kinder, die von ihren Familien ins Piemont und in die Lombardei gegeben wurden, wo sie in die Kamine klettern und diese reinigen mussten. Unter zum Teil unmenschlichen Bedingungen. Das waren die „spazzacamini". Tragisch, nicht? Schon immer sind welche aus dem Tessin weggegangen… Und es ist eine seltsame Ironie des Schicksals, dass auch meine beiden Söhne fort sind…"

„Wohin sind sie gegangen? Haben sie… ein Studium im Ausland gemacht?"

Sie lächelte immer noch, zeigte langsam, mit zitternder Hand auf die Kerzen am Regal. Es waren zehn, wie ich vorhin schon bemerkt hatte. Sie brannten ruhig und gleichmäßig.

„Es ist nun zehn Jahre her, dass sie verschwunden sind. Spurlos. Unten am Bach. Genau dort, wo ihr Auto steht…“

Ich schluckte. Mir lief es plötzlich eiskalt den Rücken hinunter. Ich fühlte die Gänsehaut. Am ganzen Körper.

„Spurlos verschwunden? Aber… aber wie ist das möglich?“

„Heute vor zehn Jahren haben sie mich besucht, die beiden. Sie kamen aus Lugano, wo sie beide im Finanzbereich tätig waren, bei einer großen Bank. Sie sind immer wieder am Wochenende gekommen. Wir tranken Wein und Orangensaft, wir aßen, wir gingen ins „Teatro di Banco“ zu Konzerten und Lesungen, wir unterhielten uns hier in diesem Zimmer oft bis in die Morgenstunden… Mein Gott, war ich stolz auf sie. Lebensfrohe, fröhliche, junge Männer. Meine… unsere Kinder… Es ist genau ein Jahrzehnt her. Es war eine warme und freundliche Augustnacht. Ich kann mich noch an den Sternenhimmel über diesen dichten Kastanienwäldern erinnern…

Es war nach Mitternacht. Sie wollten noch eine Zigarette rauchen gehen, hinunter zur Straße, zum Bach. Dort haben sie ihre halbe Kindheit verbracht, am Wasser, verstehen Sie? Kinder lieben doch das Wasser… Ich gab ihnen noch eine Taschenlampe mit, dann gingen sie hinunter, während ich noch eine Flasche Wein aus dem Keller holte. Ich wartete im Wohnzimmer. Hier. Fünf Minuten. Zehn Minuten. Nach einer Viertelstunde stand ich auf und wollte nachsehen. Ich verließ das Haus, machte mich auf den Weg zu der Stelle, wo sie immer standen, wenn sie rauchten. Den Tabak konnte ich ihnen nicht ausreden, auch wenn sie sonst vernünftige Burschen waren. Aber so sind Kinder eben. Das ganze Leben lang muss man sich um sie kümmern, sich Sorgen machen... Ich ging den Weg hinunter zur Brücke, ich schaute, ich suchte, ich rief. Sie waren nicht da. Sie waren einfach nicht da... Ich lief wieder zum Haus hinauf, sah ihre beiden Autos, die in der Einfahrt standen, dachte an einen Scherz. Dachte, dass sie wohl jeden Augenblick hinter einem Baum hervorspringen und mich erschrecken würden. Einfach so. Das dachte ich. Vielleicht... vielleicht hätten Sie das ja auch gedacht... Aber die Minuten vergingen, verrannen und gegen ein Uhr weckte ich meinen Mann, der bereits schlafen gegangen war. Wir gingen beide noch einmal den Weg zur Brücke entlang, mehrmals. Wir riefen, wir riefen und suchten. Besorgt, verzweifelt. Wir suchten mit Taschenlampen die Böschung zum Bach hinunter ab. Ich kletterte hinunter, watete im Wasser herum, das Licht streifte über den silberklaren Bachlauf und das Gebüsch am Ufer. Selbst wenn sie wirklich abgestürzt waren, was ich nicht glauben konnte, mussten sie hier irgendwo sein. Dieser Bach trug niemanden fort, schon gar nicht, wenn es wie damals seit Wochen nicht geregnet hatte. So ganz anders als heute… Wir irrten die ganze Nacht umher, verständigten am nächsten Tag Verwandte, Bekannte und Freunde. Niemand hatte etwas gehört, niemand etwas gesehen. Stunden später kamen einige von ihnen und halfen uns weiter bei der Suche. Aber… es war zwecklos…“

Sie stockte kurz, ging zum Tisch und trank wieder einen Schluck Wein. Dann setzte sie sich auf den Stuhl mir gegenüber. Sie hatte Tränen in den Augen.

„Sie sind nie wieder aufgetaucht…“

Ich hatte ihrer Schilderung betroffen zugehört. Was sie da erzählt hatte, klang absolut unglaublich. Wie konnte es sein, dass zwei junge Männer einfach spurlos verschwanden? Ohne jeden Hinweis…

„Wir haben uns immer wieder gefragt, was passiert, was geschehen ist und keine Antwort gefunden. Haben sie jeden Tag gesucht, selbst nach Jahren. Es gab doch nie Streit zwischen uns… Auch ein Verbrechen hat man ausgeschlossen. Man hätte doch Spuren finden müssen... Irgendetwas. Irgendjemanden. Aber es gab nichts. Nur Leere… Mein Mann ist an dieser Geschichte zugrunde gegangen. Langsam zerbrochen…“

Sie verschränkte ihre Arme, ein Schauer durchlief sie, sie senkte den Kopf. Im Radio lief jetzt leise „Rapsodia“ von Mia Martini.

„Er konnte nicht mehr, fand keinen Ausweg. Nur mehr die Sackgasse. Er fand nicht einmal meine Hilfe oder wollte sie annehmen. Er resignierte. Zu sehr hatte das Geschehene an ihm genagt und seine Seele bei lebendigem Leib zerfressen… Er nahm sich vor drei Jahren das Leben, ließ mich alleine… Alleine mit der Ungewissheit, dem Schmerz, dem Nicht-verstehen-Können.“

Sie schwieg und starrte wieder zum Fenster hinaus. Ich runzelte die Stirn, schaute verlegen hinüber zu den Kerzen, auf die Fotos. Die Situation war mir mehr als nur unangenehm. Was konnte ich tun? Was sollte ich sagen? Auch mir blieb eigentlich nur das Schweigen.

„Nur die Hoffnung, dass sie vielleicht doch einmal, eines Tages zurückkehren werden, hält mich noch am Leben. Ich verlasse dieses Haus fast nicht mehr. Ich werde hier sterben, so viel ist sicher. Aber bis es so weit ist, suche ich weiter, hoffe… Nach wie vor glaube ich, dass sie vielleicht doch noch einmal vor der Türe stehen. Nach wie vor warte ich hier am Fenster. Ich warte… Es ist spät geworden. Verzeihen Sie, dass ich Sie so lange mit meiner Geschichte aufgehalten habe. Ich bin müde. Nehmen Sie noch etwas Wein oder Saft, wenn Sie mögen. Das Gästezimmer, oben, am Ende des Ganges, steht Ihnen zur Verfügung. Es ist immer vorbereitet, falls mich jemand besuchen kommt. Falls jemand vorbeikommt. Falls jemand zurückkommt. Bereit wie die Zimmer meiner Söhne…"

Sie stand auf, ging zum Fenster und starrte wieder schweigend hinaus. Ich begriff, trank mein Glas fertig, bedankte mich, schlich zur Türe hinaus und stieg in den ersten Stock hinauf. Im Gästezimmer stand das Fenster halb offen. Es regnete noch immer. Ich schloss das Fenster, zog ein frisches T-Shirt an und legte mich ins Bett. Auch ich war müde, mein Kopf aber voller wirrer Gedanken. Immer wieder verschwanden Menschen auf dieser Erde, im Krieg, auf Expeditionen, nach Schiffsunglücken. Es gab zahlreiche Beispiele für unerklärliche Fälle, die sich mit vermissten Personen beschäftigten. Mir fiel das Rätsel der „Mary Celeste" ein, jenem Segelschiff, dessen Besatzung im 19. Jahrhundert einfach so zwischen den Azoren und Portugal verschwunden war. Es gab viele Theorien, aber soviel ich wusste, war der Fall niemals abgeschlossen, konnte nicht geklärt werden. Übrig blieb… ein Geisterschiff…

Was aber war hier, hier im Malcantone vor zehn Jahren geschehen? Ich versuchte mir die grausame Ungewissheit dieser Eltern, die keine Ahnung hatten, was mit ihren Söhnen passiert war, vorzustellen. Sich in ihrer Verzweiflung zu verlieren, einfach keine Antwort zu erhalten, musste qualvoll sein. Und hatte auch den Tod gebracht…

Ich wachte auf. Draußen war es noch dunkel, der Regen hatte jedoch aufgehört, war verstummt. Ich stand langsam auf, sah aus dem Fenster und rieb mir die Augen. Dann sah ich sie. Die Frau! Sie ging mit ihrer Taschenlampe die Auffahrt hinunter, verschwand jetzt hinter der Biegung. Was wollte sie jetzt noch? Es musste mitten in der Nacht sein. Ich ging zur Ablage neben dem Bett, auf die ich meine Armbanduhr gelegt hatte. Es war zehn Minuten nach zwei…

Rasch zog ich meine Hose an, suchte in der Reisetasche nach Socken und lief hinunter ins Erdgeschoß. Ich konnte sie auf keinen Fall alleine im Dunkeln herumirren lassen. Nicht auszudenken, wenn sie irgendwo ausrutschte und vielleicht verletzt liegen blieb. Kein Mensch würde um diese Uhrzeit nach ihr suchen.

Ich schlüpfte in meine nassen Schuhe, stürzte aus der Tür und wäre beinahe selbst in eine Pfütze gestolpert. Dann rannte ich nach rechts, bis zur Biegung, lief die Zufahrtsstraße hinunter, während der nasse Kies unter meinen Füßen knirschte. Ich rief immer wieder und wieder ihren Namen, hielt Ausschau nach dem Lichtkegel ihrer Taschenlampe. Als ich am Auto angelangt war, blieb ich stehen. Es war totenstill. Niemand war zu sehen oder zu hören. Wo steckte sie? Und dann, dann begriff ich... Begriff schlagartig, wonach sie Ausschau hielt, warum sie aufgestanden und hinausgegangen war…

Ich habe keine Ahnung, wie lange ich sie schon suche. Es ist hell. Ich bin mir ganz sicher, dass ich sie finden werde. Ich muss ganz einfach alles hier absuchen, systematisch. Die Straße, den Bachlauf, alles. Vielleicht ist sie ja doch wieder hinauf zum Haus? Irgendwo muss sie doch sein, oder? Aber ich werde sie bestimmt finden. Ganz bestimmt. Irgendwann.

„Lassen Sie die Toten“
Graubünden (CH)

Das Telefon des Autors läutet. Laut und penetrant. Gerade hat er das Restaurant der Raststation nach einer Tasse Kaffee verlassen. Er trinkt ihn schwarz. Immer. Er will weiter nach Westen, weiter zu seinem Lesungstermin in Graubünden, in Chur. Er zieht das Telefon aus seiner Hosentasche. Es ist die Nummer seines Verlegers aus Innsbruck. Die Frühjahrssonne scheint auf die Dächer der Autos, die Parkplätze sind fast vollständig besetzt. Nur wenige misstrauen der Aprilwärme, streifen sich beim Aussteigen noch rasch eine Jacke über, während sich ihr Blick zum Himmel richtet. Die Wolken dort lösen sich immer schneller auf, aber die Unentschlossenheit bleibt bis zum Eingang des Gebäudes bestehen. Die Fahrertüre ist bereits geöffnet, aber er will noch ein wenig die Sonne genießen, beschließt, im Freien zu telefonieren. Sitzen wird er noch genug, ohnehin dauert es sicher noch eine Stunde, bis er die Schweiz erreichen wird, hofft, dass sich der Verkehr über den Arlberg und danach in Grenzen halten wird. Ob er schon in Graubünden sei, fragt sein Verleger, ob er kurz Zeit habe. Nur kurz. Der Autor nickt, er hört zu, blickt auf den Parkplatz, wiederholt immer wieder Teile von dem, was er da hört. Nicht weit entfernt steht ein älteres Ehepaar. Zumindest vermutet er das. Die Frau kümmert sich liebevoll um den Mann, der sich am Auto abstützt. Er benötigt ein Taschentuch, hustet hinein, keucht und atmet schwer. Es scheint ihm nicht gut zu gehen. Sie spricht ein paar Worte mit ihm, hält seinen Arm, drückt ihn zu sich an ihre Schulter. Der Mann lächelt.

Es ist eine interessante Geschichte, die der Verleger da erzählt hat. Interessant und phantastisch. Ist sie es wert, ihr nachzugehen? Er ist unsicher, heute fehlt ihm die Zeit, denn er wird nach der Lesung wieder nach Innsbruck fahren. Oder doch nicht? Er überlegt noch, ist unschlüssig, will einsteigen und weiter. Als er das Telefon einsteckt, bemerkt er, dass sich der alte Mann langsam und schwerfällig, aber entschlossen nähert. Der Blick auf das Autokennzeichen verrät, dass das Paar aus Graubünden kommt. Ein seltsamer Zufall. Er lächelt. Sanfter, kühler Wind kommt auf. Der Mann bleibt stehen, starrt ihn an, holt Luft. Er sieht nicht gut aus, hat leere, eingefallene Augen, atmet schwer. Er trägt einen grauen Vollbart, ein weißes Leinensakko, eine passende Hose, blitzsaubere Schuhe. Er riecht nach Eukalyptus. Und er spricht nur diesen Satz:

„Bleiben Sie dort nicht stehen!“

Nicht stehen bleiben? Wo? Warum? Der Autor ist irritiert. Wovon spricht dieser alte Mann? Was will er?

„Der Scaläratobel… Selbst wenn Sie die Wahrheit erfahren wollen… Aber… aber Sie sind nicht von dort. Lassen Sie die Toten. Lassen Sie die Toten!“

Mit diesen seltsamen Worten geht der Mann noch einige Schritte rückwärts, ganz vorsichtig, faltet seine Hände, flüstert immer wieder:

„Lassen Sie die Toten!"

Seine Frau tritt an seine Seite, beruhigt ihn, zieht ihn sanft zu sich, zum Auto hin. Sie hilft ihm beim Einsteigen, vorsichtig schließt sie die Beifahrertüre. Ihre Blicke treffen noch einmal kurz den Autor. Sie schüttelt den Kopf, presst ihre Lippen zusammen. Es ist nackte Verzweiflung, die für einen kurzen Moment aus ihren Gesichtszügen spricht, ihre Augen werden feucht. Dann steigt sie in den Wagen. Sie fahren los, lassen ihn verwirrt zurück. Noch einige Momente steht er da, sieht dem Auto nach, bis es zwischen den anderen Fahrzeugen verschwindet. Er greift sich mit der Hand auf die Stirn, fühlt kalten Schweiß, hört Motorgeräusche, Gläserklirren, Kinderlachen, Vogelgeschrei. Eine kalte Brise fährt über den Parkplatz und nur langsam verliert sich der Eukalyptusgeruch.

Er setzt sich hinters Steuer, wischt seine Stirn ab, atmet tief durch. Warum diese Warnung? Sie macht ihn neugierig, sie setzt sich fest in seinem Hirn, lässt ihn nicht los. Kaum registriert er die Zündung des Motors, festgemacht und fixiert sind seine Sinne. Noch immer sieht, noch immer hört und riecht er förmlich, was sich vor Minuten hier abgespielt hat, lenkt seinen Wagen abwesend über die markierte Asphaltfläche, fährt auf die Autobahn auf. Nachdenklich, gefesselt. Er kann sich nicht lösen von den Worten des alten Mannes. Sie verfolgen ihn, sind hartnäckig, verlieren nicht die Spur, kleben wie ein Magnet an ihm.

Bei Feldkirch verlässt er die Autobahn, durchquert die Stadt, hält kurz nach dem Grenzübergang in Liechtenstein bei einer Tankstelle, kauft einen Schokoladeriegel und einen Fruchtsaft. Es ist noch eine gute Dreiviertelstunde Fahrzeit bis Chur, wo er lesen wird, aber die Gedanken sind in schwere Ketten gelegt, werden nicht frei, kehren immer wieder zurück zur Raststätte.

Nicht mehr weit ist es, der Rhein rückt an die rechte Seite, bald wird sich die Autobahn gabeln, Eisenbahnschienen und riesige Masten von Überlandleitungen begleiten ihn wie die Worte des Mannes.

„Lassen Sie die Toten! Lassen Sie die Toten!“

Er fährt weiter, gleich, gleich muss die Stelle kommen, das ist der Weg, hier muss sie bald sein, die Maschänserrüfi, hier muss es dann zum Tobel gehen, zum Scaläratobel. Er überlegt, schaut links aus dem Fenster, im Rückspiegel folgen ihm mehrere Autos. Doch man sieht nur Wiesen, Büsche, Bäume, ein gutes Stück dahinter die Berge. Kurz ringt er mit sich selbst, hat die Geschwindigkeit verlangsamt, denkt ans Halten, an den Pannenstreifen…

Aber es macht keinen Sinn, hier stehen zu bleiben. Was soll man hier sehen, was bemerken? Schon rast er vorbei, noch einmal geht sein Blick zurück, verliert sich in Ästen, die Leitplanke links ist verschwunden. Zu spät. Er hat sich entschieden. Er fährt weiter. Weiter nach Chur.

Es ist dunkel. Er liest. Und doch ist es nur seine Zunge, die spricht, die die Texte präsentiert. Alles ist automatisiert, geübt, seine Gesten bedeutungsschwer und theatralisch. Sie sind einstudiert, sitzen, kommen auf den Punkt. Er setzt alles ein, verzweifelt, weil er weiß, dass nur dies und seine langjährige Routine ihn retten können vor dem Absturz und der Entgleisung. Er sitzt vor dem Publikum, doch es ist nur sein blasser Stellvertreter, denn in seinen Gedanken ist er nicht hier, sondern an der Raststätte, riecht den Eukalyptus, sieht die leeren, eingefallenen Augen, hört den rasselnden, schweren Atem des Mannes, der diese Warnung ausgesprochen hat und die in jeden einzelnen Winkel seines Gehirns eingedrungen ist, Besitz von ihm ergriffen hat. Noch immer. Er kämpft da draußen an seinem Tisch einen einsamen Kampf mit diesen verfluchten Gedanken, weiß nicht, ob ohnehin schon jemand stutzig geworden ist, längst seine Maskerade durchschaut und ihn enttarnt hat. Haben nicht da vorne in der ersten Reihe zwei Gäste ihre Köpfe gerade zusammengesteckt? Haben sie die Gewissheit? Wissen sie, was los ist? Ahnen sie, welch grausames Schauspiel sich in diesem Mann abspielt? Lachen sie gar über ihn? Vielleicht... Er kämpft, er liest, aber er hält den Faden und die Minuten verrinnen. Text für Text liest er, presst seine Füße auf den Boden, hält sich in der Spur, entgleitet nicht, bis es zum Ende geht, steht auf, hat sich wieder gefunden, nun wieder, genießt den Applaus, das Adrenalin in seinen Adern, genießt alles, ist wieder er selbst, lässt seine Blicke über die Gäste streifen, lächelt, verbeugt sich, lächelt.

Sieht zum Ausgang, sieht genauer hin, spürt plötzlich die Gänsehaut, sieht das Unfassbare, sieht ihn, sieht den Mann von der Raststelle, der ihm zuwinkt, höflich mit dem Kopf nickt und den Raum verlässt, wird bleich, setzt sich, schließt die Augen, hört nur dumpf die Dankesworte der Veranstalter, den nochmaligen Applaus, Worte, Gesprächsfetzen, öffnet die Augen und versucht langsam wieder Halt zu finden, aufzustehen.

Was haben sie bemerkt? Vermutlich alles, vermutlich jede einzelne Sekunde seiner Angst. Angst, die ihnen nicht entgangen sein kann, die in jedem Falle greifbar gewesen sein musste. Und doch geht er hin zur Menge, spricht und plaudert, versucht auszublenden, was gewesen ist, fängt sich neuerlich ein wenig, trinkt, signiert Bücher, atmet durch, blickt immer wieder verstohlen hin zum Ausgang. Die Unsicherheit sitzt ihm hartnäckig im Nacken, die Worte des Mannes, sein Geruch, seine Augen. Er war hier, oder? Er hört, er riecht, er sieht. Und doch fragt er nicht nach dem Scaläratobel, nicht nach den Toten, nicht nach der verdammten Wahrheit. Er verabschiedet sich hastig, er verlässt den Raum, das Gebäude, steuert auf sein

Auto zu, öffnet die Türe, wirft seine Tasche auf den Beifahrersitz, fährt los, fährt weiter, fährt der Wahrheit entgegen, dieser verdammten Wahrheit, die da draußen liegt, die kommen wird zu seiner Rechten. Die er dieses Mal nicht links liegen lässt. Die im Scaläratobel sitzt, wo um Mitternacht, zwischen Fels und Stein die Toten von Chur auferstehen und umherwandeln, weil sie keine Ruhe finden. Zu Fuß und zu Pferd ziehen sie hinaus zum Fluss, zum Rhein, wo sie die Rösser tränken und dann umkehren, zurück zur Schlucht. Zurück zum Scaläratobel, zum Scaläratobel! Das hatte ihm sein Verleger am Telefon erzählt, an der Raststätte im Tiroler Oberland. Und von jenem Mädchen, das im Tobel vier Herren im Frack getroffen hatte, aus deren blassen Gesichtern statt Augen nur schwarze Höhlen starrten, seelenlos und tot. Tot wie das Mädchen, das zuhause an diesem Entsetzen, diesem abgrundtiefen Grauen zugrunde ging.

Er hatte nur einige Worte des Verlegers wiederholt, sie laut ausgesprochen. Laut genug, um an die Ohren des alten Mannes zu gelangen, der ihn gewarnt, der ihm abgeraten hatte, stehen zu bleiben…

Hinaus aus der Stadt, hinaus und vorbei an den Häusern, vorbei an einem Rettungswagen, der an einer Einfahrt steht, nach Norden, der Wahrheit entgegen, in die Nacht fährt er. Besessen. Und dann, gleich muss die Stelle kommen. Langsamer wird er, langsamer. Ruhig ist es auf der Straße, dunkel im Rückspiegel.

Bald sieht er die Stelle, bremst noch einmal, lässt den Wagen langsam ausrollen, stellt ihn ab, bleibt stehen, atmet tief ein, zieht den Zündschlüssel. Er zögert, er überlegt. Es sind diese Worte, die ihn nicht mehr loslassen, seit Stunden nicht mehr losgelassen haben. Sie verfolgen ihn. Die Toten verfolgen ihn. Es gibt kein Zurück mehr, er muss jetzt aussteigen. Von Süden her, von der Stadt her zieht plötzlich Nebel auf, kommt rasch näher, schneller und schneller, kriecht über den Asphalt, verschlingt, was sich ihm in den Weg stellt. Es ist totenstill. Dann… Dann löst sich mit einem Mal aus den Schwaden eine Gestalt, bewegt sich auf den Autor, der neben seinem Wagen steht, zu.

„Sie hätten niemals stehen bleiben dürfen. Niemals... Ich habe Sie gewarnt. Es war mein letzter Urlaub, meine letzten Tage. Ich wusste, dass es zu Ende geht. Ich wollte zuhause sterben. Haben Sie an meine Worte gedacht? Haben sie Sie verfolgt? Gerade eben sind Sie sogar an meinem Haus vorbeigefahren... Jetzt ist es vorbei. Das Licht ist gelöscht. Mein Licht. Ich musste gehen. So wie alle, die hier gehen, muss ich zum Scaläratobel. Aber Sie… Sie werden mich begleiten. Ich werde Sie nun mitnehmen… dorthin...“

Und nur das Geräusch eines vorbeirasenden Fahrzeuges zerschneidet die Schreie des Autors, als er in die schwarzen, leeren Augenhöhlen des Toten starrt.

Am See

Vorarlberg (A)

„Ich fürchte mich – ich fürchte mich entsetzlich –, und es gibt keinen Ausweg für mich!“

(Aus: „Dracula“ von Bram Stoker)

Meine erste Begegnung mit Bregenz fand auf dem Plan eines Brettspiels statt. Ich erinnere mich noch sehr deutlich an die graugrünen Felder. Zwei, neununddreißig und vierzig. Amtsplatz, Arlbergstraße, Rathausstraße. Ich erinnere mich auch noch an die Zeichnung der Stadt mit den drei weißen Schiffen im Hafen, den Häusern und Bäumen, den Bergen, die sich im Hintergrund erheben. Das Spiel liegt seit Jahren im alten Eichenschrank meiner Innsbrucker Großeltern, wo es mit seinen roten Häusern und gelben Hotels, mit seinen Spielfiguren, Scheinen und Karten still und geduldig auf seine nächsten Einsätze wartet.

Es gab mit Sicherheit begehrtere und beliebtere Grundstücke, aber Bregenz war neben Salzburg der einzige Ort, auf dem am Spielplan ein Gewässer zu erkennen war. Und Flüsse und Seen hatten mich immer schon fasziniert, mich angezogen. In einem alten Schulatlas war ich als Jugendlicher oft in Gedanken die großen Ströme nachgefahren, von ihren Ursprüngen, ihren Quellen weiter bis zur Mündung, wo sie sich dann endgültig im riesigen Blau verloren, sich mit ihm vereinten. Es lag etwas Magisches, etwas Geheimnisvolles in ihnen. Ein seltsamer, ein unerklärlicher Zauber, der auch von mir Besitz nahm, als ich als Erwachsener das erste Mal an den Bodensee kam.

Ich war mit dem Zug angereist und dann sah ich sie, diese riesige blaugraue Fläche, die sich nach Westen hin ausbreitete. Scheinbar endlos. Möwen und Schwäne, Boote und Schiffe, die sich unruhig im Wasser auf und ab bewegten. Ich sah hunderte Menschen, die am Ufer entlanggingen. Ein kühler, ein frischer Wind strich damals über das Land und wirbelte an der Promenade buntes Laub durch die Luft. In einem irren, sprunghaften Hexentanz. Es war ein greller, unwirklicher und seltsamer Zauber, der von diesen Fluten da draußen ausging. Der mich fesselte. Es war aber auch ein dunkler Zauber, der mich schaudern ließ. Schaudern und erstarren, als ich auf den See hinausblickte und mir seine schwarzen und kalten Tiefen ausmalte. Seine schwarzen und kalten Tiefen, die umgeben sind von seltsamen Erzählungen. Eigentümliche nächtliche Gesänge, die durch die Nacht ziehen. Ein feuriger Fischer, ein unheimlicher Hund. Hexen, deren lautes, durchdringendes, unheilvolles Kreischen und Johlen in meinen düsteren Gedanken bis zum See jagte, um in seinen dunklen Fluten unterzugehen.

Das Schicksal schlägt oft sehr, sehr eigentümliche Wege ein und Jahre später blickte ich erneut auf den Bodensee hinaus. Dieses Mal vom Fenster meiner Mietwohnung in einer ruhigen Gegend oberhalb der

Innenstadt. Ich hatte aus beruflichen Gründen von Tirol nach Vorarlberg gewechselt und großes Glück gehabt.

Gewohnheitsmäßig recherchierte ich nämlich immer wieder nach alten Schulkolleginnen und Schulkollegen aus der Volksschule und dem Gymnasium im Internet und war dabei auf David gestoßen, einen ehemaligen Mitschüler. Er hatte mir mit seinen Kontakten geholfen, eine dauerhafte und vor allem leistbare Bleibe in der Vorarlberger Landeshauptstadt zu finden. Letzteres war, angesichts des Wohnungsmarktes und dessen oft abenteuerlicher Preisgestaltung im Westen Österreichs, beileibe keine Selbstverständlichkeit.

In den ersten Wochen meines Aufenthaltes besuchten David und seine Frau Lenore mich immer wieder in den kahlen und kalten Räumen meiner neuen Unterkunft, die anfangs nur sehr spartanisch eingerichtet war und lediglich ein neues Bett, eine Mikrowelle sowie Dutzende brauner Umzugsschachteln beherbergte. Und dieses seltsame Hallen, das die Räume durchdringt, wenn sie noch nicht wirklich bewohnt und seelenlos sind. Leer.

Wir tranken Tee oder Wein auf unförmigen Kartons sitzend, aßen belegte Brote auf kleinen Diskontgartenstühlen, die ich dann Tage später gekauft und mühsam auf den kleinen Balkon der

Wohnung gequetscht hatte, weil der Prozess meiner Entscheidungsfindung, eine passende Essgarnitur fürs Wohnzimmer zu erwerben, nicht wirklich zufriedenstellend vonstattenging.

Da ich meinen mehr als großen landeskundlichen Informationsrückstand aufholen wollte, leisteten mir die Stadtbücherei in der Gerberstraße unweit vom Bahnhof und somit auch vom Seeufer sowie die Landesbibliothek in der Fluherstraße gute Dienste. Eine Vielzahl von Büchern und Zeitschriften war von nun an also mein ständiger Begleiter, denn wie wohl die meisten Menschen verabscheute ich nichts so sehr wie Unwissen, wie ein offenkundiges Informationsdefizit über eine Gegend, in der ich mich aufhielt. Das war schon bei einem gewöhnlichen Urlaub so. Hier aber, hier in Bregenz, konnte wohl kaum von einem solchen Urlaub die Rede sein. In dieser Stadt verbrachte ich mit ziemlicher Sicherheit, wenn alles wirklich nach Plan lief, die nächsten Jahre.

Tagsüber, vor allem bei Schönwetter, nahm mich dieses Gewässer auf eine intensive Art ein, beeindruckte mich diese endlose, graublaue Ebene, deren Fluten in der Ferne mit den grünen Ufern zu verschmelzen schienen. Nachts aber wandelte sich der See zu einer fast lichtlosen, schwarzen Fläche, die mir, ich schäme mich fast, es zu sagen, ein wenig Angst machte. Ich erfuhr von den Launen des Sees, von Starkwind- und Sturmwarnungen, von Schiffen und Booten auf dem Seegrund, aber auch, dass diese Fluten ihre Toten oft nicht mehr freigeben. Und dann suchten sie mich heim, die rastlosen und unerlösten Seelen, die Geister, die Hexen und die Teufel am See.

Eines Nachts stand ich am Fenster. Ich trank eine Tasse schwarzen Tee, starrte zum Fenster hinaus, dachte an Gustav Schwabs „Reiter vom Bodensee“ und dessen ahnungslosen Ritt über die bodenlose Tiefe. Mein Blick fiel dabei immer wieder unwillkürlich auf den Tassenboden. Dort hatte sich etwas Teesatz abgesetzt.

Es klopfte an der Türe. Zweimal. Leise. Zaghaft. Ich erwartete niemanden und die Zahl derer, die mein neues Zuhause kannten, war schließlich mehr als begrenzt. David und Lenore hätten angerufen, soviel stand nach ihren bisherigen Besuchen wohl fest. Das dachte ich mir zumindest, während ich die Teetasse auf dem Wohnzimmertisch abstellte. Es klopfte erneut. Dann ging ich zur Türe.

„Sie wird mich holen!“

Im Zwielicht des schmalen Stiegenhauses stand David. Alleine. Hinter ihm flackerte die Beleuchtung des Treppenaufganges und war offenbar kurz davor, ihren Geist aufzugeben. Davids hellgrauer Mantel saß schief und trug seltsame, dunkle Flecken auf den Schultern. Das verstörende, das eigenartige Lächeln, mit dem er mich ansah, wich nicht aus seinen blassen Zügen. Und doch war es nicht dieser seltsame Ausdruck in seinem Gesicht, der mich zutiefst erschrecken ließ. Langsam begann ich zu erahnen. Zu verstehen. Es waren seine Augen. Augen, die mich verzweifelt anstarrten. Augen, die Hilfe suchten. Augen, die das Grauen gesehen hatten.

„Sie wird mich holen!"

Und wieder dieser Satz. Geflüstert. Ich trat verwirrt, verwundert einen Schritt zurück. David ging an mir vorbei, als lenkte ihn irgendjemand, irgendwer. Er betrat das Wohnzimmer und nahm auf dem schwarzen Ledersofa Platz, zu dessen Kauf ich mich vor einigen Tagen dann doch durchgerungen hatte. Das Lächeln war immer noch nicht aus seinem Gesicht gewichen, sondern schien auf ihm erstarrt zu sein. Ich setzte mich ebenso und fixierte David. Noch nie hatte ich jemanden gesehen, der so gezeichnet gewesen, in dessen Züge ein derartig unsagbarer Schrecken gemeißelt worden war. So saßen wir einige Augenblicke, bis ich aufstand und David ein Glas Wasser holte. Ich reichte es ihm. Er bedankte sich, er nickte stumm, stierte noch einige Augenblicke ins Leere. Und dann erzählte er. Erzählte in stockenden Sätzen vom blanken Grauen…

Eine Stunde später öffnete ich die Wohnungstüre, ging wortlos hinaus, kehrte David den Rücken und ließ ihn mit seinen Dämonen alleine. Ich musste hinunter zum See. Es war die Flucht vor dieser furchtbaren, dieser teuflischen Beichte, die ich da gehört hatte. Die ich nicht glauben konnte. Minutenlang ging ich durch die Nacht, verwirrt und verloren in Gedanken an David und seine absolut unfassbare Geschichte. Die Stadt war ruhig und schlief, lediglich einige wenige Nachtschwärmer streunten herum.

„Überall ist Feuchtigkeit. Überall Nässe. Und der Tod."

Eine unbeschreibliche Leere erfasste mich. Wieder und wieder schüttelte ich fassungslos den Kopf, verkrampfte meine Hände in den Manteltaschen, atmete heftig und schwer. Es war kalt geworden. Am wolkenlosen Oktoberhimmel glänzten die Sterne. Ich verlangsamte meine Schritte. Dann blieb ich stehen. Ich befand mich vor der Polizeistation, dachte kurz nach. Was genau würde man mich fragen? Was? Man würde vermutlich wissen wollen, ob ich wirklich, ob ich ernsthaft an solchen Unsinn glaubte. Und was sollte ich denn dann antworten? Ich schwankte. Ich war unsicher. Rasch zog ich sein Handy aus der Tasche. Er hatte es mir gegeben. Ich sollte es mir ansehen. Ich sollte glauben.

Es war ein älteres Mobiltelefon, schwer, fast antik, die Tastatur bereits stark abgenutzt. Die Tastensperre war aktiviert, ich drückte einfach irgendwo herum. Plötzlich spürte ich Nässe auf meinem Finger. Nässe? Woher? Ungläubig nahm ich das Telefon in die linke Hand, rieb Daumen und Zeigefinger mehrmals aneinander. Nässe... Aber woher zum Teufel noch einmal? Ich drückte die Navigationstaste erneut. Wieder und wieder.

Dann verstand ich. Die Flüssigkeit kam aus dem Handy. Ich hielt es gegen meine Nase und roch daran. Feuchtigkeit. Moder. Was hatte das zu bedeuten?

„Überall ist Feuchtigkeit. Überall Nässe. Und der Tod…"

Langsam beschlich mich ein Gefühl der Beklemmung, das meinen ganzen Körper erfasste. Ich hatte mich in einem klebrigen Netz aus Schuld und Geständnis verfangen. Aber ich begann jetzt zu begreifen. Zu realisieren. Ich hatte einen furchtbaren, einen entsetzlichen Fehler gemacht. Ich hätte David nicht alleine lassen dürfen. Sie würde wirklich kommen und ihn holen.

Wie irr geworden lief ich los. Panisch. Ich stieß an einer Straßenecke beinahe einen Spaziergänger um, der sich nur kopfschüttelnd entfernte. Ich lief, ich lief, weiter und weiter mit dieser grausamen, endgültigen Gewissheit, wahrscheinlich zu spät zu kommen. Ja! Ja! Er war es gewesen, er hatte Lenore, seine eigene Frau umgebracht. Draußen auf dem See. Er war schuldig.

Verdammt und verloren. Aber ich würde zu spät kommen für irdische Gerechtigkeit. Zu spät.

„Überall Nässe. Und der Tod…“

Immer mehr Lichter gingen nun in den Häusern aus, deren Fenster jetzt wie dunkle Spiegel wirkten. Die Straße ging aufwärts und das Seitenstechen kam. Ich hatte mich fast völlig verausgabt, die Entfernung unterschätzt. Aber ich musste durchhalten. Durchhalten um meines Freundes Willen, dem in meiner Wohnung nichts geschehen konnte, der sich dort sicher wähnte. Aber sicher war nur der nasse Tod, der ihn holen würde.

Gewissheit. Ich taumelte weiter, blieb kurz an einer Straßenlaterne stehen, um unbeholfen nach Luft zu schnappen. Dann lief ich wieder, weiter und weiter, vorwärts und vorwärts. Ich konnte jetzt das Haus sehen. Meine Wohnung. Alle Lichter brannten. Das konnte nur ein gutes Zeichen sein. Aber irgendetwas… irgendetwas war anders. Die Türe zur Terrasse stand offen. Es war nicht mehr weit. Nur ein paar Meter noch bis zur Eingangstüre. Ich warf mich atemlos dagegen, wollte nach David rufen. Aber ich brachte nur ein formloses, jämmerliches Krächzen aus meinem Mund heraus. Nach drei Versuchen war es mir gelungen, das Schloss aufzusperren. Ich stolperte in den Vorraum und hielt mich an den Garderobenhaken fest. Sein Mantel hing noch da, ich zerrte an ihm, wie um David selbst festzuhalten. Noch immer schaffte ich es nicht, zu rufen. Stattdessen bewegte ich mich, noch außer Atem, den Gang entlang bis zum Wohnzimmer, das hell erleuchtet vor mir lag.

Dann blieb ich abrupt stehen. Ich schnaufte und holte einige Male tief Luft. Meine Blicke fielen auf den Boden. Jetzt sah ich sie. Deutlich. Ich sah die Schleifspuren. Ungläubig folgte ich ihnen. Sie führten quer durch das Zimmer, durch die Türe. Hinaus auf die Terrasse.

„Und der Tod…"

Ich folgte den Spuren die Straße hinunter. Wind kam auf, strich schnell und schneidend über den Asphalt. Weit draußen wartete der schwarze, tiefe Abgrund. Die Spuren waren immer noch deutlich zu sehen. Ich ging weiter, weiter alleine auf den schwarzen, tiefen Abgrund zu, spürte immer mehr eine seltsame Kälte, die allmählich meinen ganzen Körper einfing und in jede einzelne Zelle eindrang. Niemand war mehr unterwegs an diesem dunklen Herbstabend. Stille. Nur das Klatschen der Wellen war da. Die Spuren endeten am Ufer, der Wind spielte Davids Requiem. Die Dämonen hatten ihn geholt. Lenore hatte ihn geholt.

Zahnlos

Bayern (D)

„Ahhhh... Unser Gast wacht auf. Wunderbar. Schön. Sehr schön. Dann können wir ja mit unserem Spiel beginnen."

Er wacht auf, versucht langsam die Augen zu öffnen. Sie kleben zusammen, ein wenig. Er sieht nicht viel, sieht alles nur durch einen undefinierbaren grauen Schleier. Es ist eine seltsame Benommenheit, die er spürt. Er schließt die Augen wieder. Bilder blenden sich ein, werden zu einem schwarzweißen Film, der langsam an ihm vorbeizieht. Die gefälschten Papiere, das gestohlene Fahrzeug, das er in einer einsamen Seitenstraße am Rande dieses Ortes irgendwo im nächtlichen Oberbayern abgestellt hat. Der unheimliche, eindringliche Ruf eines Vogels in der Finsternis. Alles ist dunkel, aber er kennt den Weg zum Haus, er hat ihn sich eingeprägt, er weiß, wo er am besten das Grundstück betreten kann, ohne gesehen zu werden. Schnelle Schritte über den feuchten Rasen, irgendwo in der Ferne bellt ein Hund. Das kleine Fenster links an der Rückseite des Hauses ist die Schwachstelle. Schnell, schnell. Er kann es fast lautlos öffnen, steigt ein, windet sich durch die Öffnung wie eine Schlange. Stille und Dunkelheit. Seine Muskeln sind gespannt, aber er lächelt. Er ist drin. Es war einfach. Schritte über den grauen Teppichboden. Noch wenige Meter bis zum Wohnzimmer, hin zu den Regalen und Kästen. Er sucht, er ist vorsichtig, lautlos. Eine Minute, zwei Minuten. Aber er findet nichts. Nichts von dem, was er sich vorgestellt hat.

Er wird langsam nervös. Soll er abbrechen? Gehen? Dann der Stich. Wie eine Nadel. Ein kurzer Schmerz. Er zieht mit der rechten Hand einen spitzen, kleinen Pfeil heraus. Man hat ihn entdeckt. Er dreht sich um, sieht eine schwarze Gestalt, hört ein dumpfes, leises Lachen. Seine Beine geben nach, er sucht Halt, findet ihn nicht, verliert endgültig das Gleichgewicht und stürzt ins Dunkel.

„Wissen Sie… Es ist mir im Grunde völlig gleichgültig, wer Sie sind. Es spielt keine Rolle, es ist mir egal. Ganz einfach. Vielleicht sind Sie ein armer Teufel, unschuldig in eine verzweifelte Lage gekommen, nicht mehr ein und aus wissend? Eine gescheiterte Existenz, die tun muss, was sie zu tun müssen glaubt, weil es nicht anders geht? Weil Sie sonst nicht wissen, wie Sie über die Runden kommen? Vielleicht sind Sie aber auch ein eiskalter, professioneller Einbrecher, der tagelang beobachtet, ausspäht, sich geduldig auf die Lauer legt und dann zuschlägt? Der es darauf anlegt, der die Passion spürt. Für mich spielt das alles keine Rolle, glauben Sie mir. Wie ich bereits sagte: Es ist mir egal."

Der Schleier vor den Augen verschwindet quälend langsam, während die Worte eines Mannes den Raum erfüllen. In der tiefen und doch eigenartig sanften Stimme liegt etwas Beunruhigendes, liegt eine seltsame Art des Bedrohlichen.

„Es ist mir aber ganz und gar nicht egal, dass Sie... dass Sie die Dreistigkeit besitzen, hier mitten in der Nacht in unser Haus einzudringen, in unser Eigentum... Ich lebe sehr gerne in diesem schönen Winkel der Erde. Das bayrische Alpenvorland, grün und lieblich, am Rande der Berge. Kühe, Pferde, Schafe... Idyllisch, romantisch... und mitunter auch ein wenig geheimnisvoll, sagenhaft. Seltsames Getier treibt in der Finsternis sein Unwesen. Unweit von hier erzählt man sich vom ‚Gastabudl', einem unheimlichen, schwarzen Pudel mit glühenden Augen. Und drüben, bei Rosenheim, sollen zwei pechschwarze Katzen auf einer Brücke das Fürchten lehren... Ja, und dann und wann hört man in stillen, einsamen Nächten – so wie dieser – den Ruf eines Waldkauzes, des Totenvogels... *Komm mit, komm mit...* Würden Sie auch mitkommen?

Aber lassen wir die Schauergeschichten. Tja, es ist ein friedliches, ein beschauliches und ruhiges Landleben und trotzdem nicht weit bis München, bis hin zu den Straßen und Gassen dieser Metropole, zum Marienplatz, zum Stachus, bis zum Englischen Garten. Wann immer ich in dieser Stadt bin, führt mich mein Weg hinauf auf den Alten Peter, den Turm der Kirche zwischen Marienplatz und Rindermarkt. Von dort fällt mein Blick über das Häusermeer, schaue ich zum Horizont, wo sich meine Gedanken verlieren und ich diese Höhe schaudernd und ehrfürchtig mit all meinen Sinnen erfahre. Zuletzt schaue ich dann immer nach Süden, hin zu den Bergen, wo ich mein

Heimatdorf erahne und mich freue, wieder dorthin zurückzukehren. Zurückzukehren in mein Haus, das ich mir über die Jahre schwer verdient habe."

Der Schleier vor den Augen ist verschwunden, er sieht jetzt den Mann, zu dem diese Stimme gehört. Ein hagerer, ein groß gewachsener älterer Herr mit einem schneeweißen Schnurrbart und halblangem, streng nach hinten gekämmtem Haar. In seinen beigen Hauspantoffeln und dem purpurroten Seidenpyjama sieht er wie eine Karikatur aus. Er zündet einige Kerzenleuchter an, geht in diesem seltsamen Zimmer hin und her, geht an riesigen, eindrucksvollen Gemälden vorbei, die historische Schlachtszenen zeigen. Schreiende, tobende Menschen, wilde Grimassen, entschlossene Mienen, entsetzte Gesichter. Und überall der Tod. Allgegenwärtig ist er und so real, festgehalten auf diesen bunten, grauenhaften und zugleich faszinierenden Kunstwerken. Der Mann in diesem seltsamen Aufzug deutet, gestikuliert wild. Unheimlich und unwirklich zeichnen sich die Schattenspiele seiner dürren Arme an den Wänden ab.

„Sehen Sie, als Zahnarzt habe ich hier in meinem Behandlungszimmer mit diesen Bildern immer schon auf den Ablenkungseffekt, auf die Präsentation, die Inszenierung des Schrecklichen gesetzt, um das eigentlich Zentrale, den Eingriff selbst, in einem harmloseren Licht leuchten zu lassen. Ein psychologischer Kunstgriff, wenn Sie so wollen.

Wenn der Patient umgeben ist von den Gräueln der Schlacht und des Krieges, die Instrumente des Todes und seine Allherrschaft vor Augen hat, scheint es doch wahrlich Schlimmeres zu geben, als sich ein bisschen Zahnstein entfernen, sich einen Zahn plombieren oder ihn vielleicht sogar reißen lassen zu müssen, nicht wahr? Im Angesicht dieser Gemälde hier verschieben sich somit die Wertigkeiten, treten persönliche Furcht und Abneigung sehr, sehr rasch in den Hintergrund, werden Prioritäten anders gesetzt. Ohnehin kann der hier Sitzende seinem Arzt in den meisten Fällen schlecht widersprechen.

Ein Vorteil, den nicht alle Mediziner haben, oder? Hahaha… Übrigens geben mir meine Patienten Recht. Noch immer habe ich eine Handvoll „Stammgäste", die regelmäßig zu mir kommen. Sogar ein Industrieller aus Bochum schaut immer wieder hier vorbei, verbringt einige Tage in der Gegend, holt sich zum Abschluss einen Vorrat Weißwürste aus der Dorfmetzgerei und fährt anschließend wieder nach Hause ins Ruhrgebiet. Der Satz, dass der Patient seinem Zahnarzt wirklich kaum widersprechen kann, stammt übrigens von ihm…"

Ein kehliges, höhnisches Lachen erfüllt den ganzen Raum. Erst jetzt fällt der Blick ab von dieser eigenartigen Erscheinung, diesem befremdlichen Mann, der offenbar Zahnarzt ist, fällt auf den Stuhl. Ein Stuhl wie in einer Arztpraxis. Ein Stuhl, an den er gefesselt ist und sich keinen Zentimeter bewegen kann. Ein Stuhl, an dessen rechter Seite Schläuche hängen, an deren Ende Instrumente positioniert sind, die ihn schlichtweg erschauern lassen. Es besteht überhaupt kein Zweifel daran, so klar sind die Gedanken mittlerweile, dass dieser – wenn auch etwas ungewöhnlich eingerichtete – Raum das Behandlungszimmer eines Zahnarztes darstellt. Der Mann sagt die Wahrheit. Er ist Arzt. Zahnarzt.

„Ich habe es immer ein klein wenig genossen, die Angst zu riechen, zu spüren, wenn hier in diesem Stuhl Männer und Frauen, Bauern und Gemeindepolitiker, Geschäftsmänner und Geistliche Platz genommen haben. Nicht nur vor unserem Schöpfer sind alle Menschen gleich, auch vor mir, vor mir waren sie es mit ihrem Respekt und ihrer Furcht.“

Der Arzt geht in gleich bleibenden Kreisen um den Stuhl, bleibt in einer Ecke des Raumes stehen, betrachtet hochkonzentriert die Gemälde, er verschränkt die Arme, er schaut und schaut.

„Ich frage mich oft, wie viele Feldherren wohl im Laufe der Geschichte, der Jahrhunderte in ihren Untergang geritten und gegangen, umgekommen sind aus Selbstüberschätzung, aufgrund schwerer strategischer Fehler, aus falscher, fataler Beurteilung des Gegners, in Unkenntnis seiner Stärken und

Schwächen… Tja, es ist ein kleines bisschen wie bei Ihnen, mein Freund… Ja, eine gewisse Parallele ist da ganz und gar nicht zu übersehen. Auch Sie selbst haben sich überschätzt, sind sich Ihrer Sache viel zu sicher gewesen, haben meine Fähigkeiten nicht vorhergesehen und sind in Ihr Verderben gelaufen. Schauen Sie, genau vor solchen kriminellen Subjekten, wie Sie es sind, habe ich mein Anwesen schützen, habe Wärmekameras, Sensoren, Bewegungsmelder und sonst was für Zeug installieren lassen. Schließlich wird heutzutage fast alles gestohlen, was nicht niet- und nagelfest ist. Vor allem die Kupferdiebstähle sind ja schon seit langem ein riesengroßes Thema. Denken Sie doch nur an die Außerfernbahn 2011. Komplett lahmgelegt. Ja, und wenn wir schon bei der Bahn sind: In Tschechien hat man sogar einmal eine komplette Eisenbahn-Brücke gestohlen… Gott sei Dank war die Strecke stillgelegt. Stellen Sie sich vor: Man fährt da mit dem Zug und – zack – ist die Brücke weg… Und weil wir schon von ihm sprechen: Sogar vor dem Haus des Herrn wird nicht halt gemacht und man bedient sich auch der Glocken und Dachrinnen. Eine Schande ist das! Sollen sie doch alle in der tiefsten Hölle schmoren…

So schön und idyllisch die Lage meines Hauses sein mag, liegt es doch ein klein wenig auf dem Präsentierteller für Leute, wie Sie es sind. Und deshalb habe ich all die genannten schönen Dinge einbauen lassen. Es gibt sogar einen Polizeinotruf... Aber… aber auf den habe ich heute verzichtet. Schließlich will ich mir dieses Vergnügen auf gar keinen Fall entgehen lassen…“

Er hat sich wieder in Bewegung gesetzt, geht wieder seine Runden, die allmählich kleiner und kleiner werden. Wie ein Raubtier, das sein Opfer einkreist. Sein Blick fällt auf die zahnärztlichen Instrumente, die sich vor ihm ausbreiten, fein säuberlich geordnet.

„Mundsperrer, Kürette, Bohrer, Wurzelheber, Zange… Selbst einem rational denkenden Menschen kann es da den Angstschweiß auf die Stirn treiben, oder nicht? Dabei sollte man doch wirklich den Zeitgeist schätzen, den Fortschritt, den die Zahnmedizin gemacht hat. Seien Sie froh, dass wir nicht im Mittelalter leben. Vor einem „Zahnbrecher“ hätte sogar ich mich gefürchtet…“

„Schatz! Schatzi!!!“

„Ach, da bist du ja, Helga, mein Liebe! Ich habe dich schon so vermisst. Wo warst du denn? Wir können doch unseren Besucher nicht so lange warten lassen. Wie unhöflich von uns…“

„Ich hab’ bloß noch die Karten gesucht…“

„Ja, ja natürlich, die Karten. Die brauchen wir. Selbstverständlich brauchen wir die Karten…“

Jetzt steht er genau vor dem Mann im Stuhl.

„Treffen wir eine Verabredung: Wenn Sie hier fertig sind, dürfen Sie gehen. Sind frei. Wie Sie wollen. Und ich werde auch niemandem, nicht einmal der Polizei erzählen, dass Sie hier bei uns einbrechen wollten. Keiner wird etwas erfahren. Keiner. Das ist doch fair, oder? Dafür müssen Sie allerdings noch ein wenig bei uns bleiben, in Ordnung? Also: Wir spielen. Meine Frau und ich. Schnapsen. Das kennen Sie doch bestimmt, nicht wahr? Wir spielen. Und jedes Mal, wenn meine Frau verliert, verlieren auch Sie. Einen Zahn. Ich werde Ihnen einen Zahn ziehen. Ich beginne praktischerweise mit den Vorderzähnen und werde mich dann weiter durcharbeiten. Wir sind in Rente, wir haben Zeit. Wenn wir nicht mehr einschlafen können, spielen wir meistens die ganze Nacht hindurch und trinken dazu noch das eine oder andere Gläschen. Das kann unter anderem auch passieren, wenn man aufgeweckt wird. Wie von Ihnen. Tja, und… da ich in der Regel die meisten Spiele gegen meine Frau gewinne, würde ich mir an Ihrer Stelle keine großen Illusionen machen, was den Verbleib Ihrer Zähne im Mundraum betrifft...“

Nach Hause
Salzburg (A)

Sie hatten es eilig. Sie waren müde. Sie wollten eigentlich nur mehr nach Hause. Nach Saalfelden. Es war bereits dunkel, die Straße noch nass von einer wütenden Regenfront, die ein stürmischer Wind vor kurzem über Berge und Täler gejagt hatte. Über jenen Landstrich, der im Juni 2013 in einem beispiellosen Hochwasser überschwemmt wurde, der in weiten Teilen ertrunken, der unter schmutzigen, unbarmherzigen und zerstörerischen Fluten gelegen war. Einem Landstrich, in dem Träume, Existenzen und letztlich auch Menschen in den Schlamm, in die Katastrophe, in den nassen Tod gerissen wurden.

Stefan und Felix hatten es eilig, wollten nach Hause. Gegen jede Vernunft beschleunigte Stefan das Auto immer wieder, hielt es in der Spur. Um diese Zeit erfassten die Scheinwerfer keine Menschenseele mehr. Es war spät, die Nässe lag beharrlich auf der Straße und vermengte sich allmählich mit zähem, weißem Nebel. Nah, ganz nah immer wieder der dunkle Fluss, dann ein Zug, dessen Lichter die Dunkelheit zerschnitten.

Der Wagen verließ die Kurve, Stefan legte den vierten Gang ein, fuhr weiter, raste weiter. Nach Hause, nach Hause. Ein riesiger Lastwagen kam ihnen auf der Gegenfahrbahn mit hoher Geschwindigkeit entgegen. Als er knapp und laut brüllend vorbeifuhr, bebte ihr Wagen von dieser unglaublichen Wucht, und Felix durchlief ein kurzer, kalter Schauer. Er schluckte, drehte sich um und starrte dem LKW nach.

Dann richtete er wieder seinen Blick auf die Straße vor ihnen. Der Tod konnte so nahe sein, so schnell kommen. Eine Ablenkung, eine Unaufmerksamkeit, eine falsche Bewegung mit dem Lenkrad zu viel wären das furchtbare Ende inmitten von dunklem Blut und deformiertem Blech. Felix wollte sich in diesen düsteren Gedanken nicht weiter verfangen und lehnte sich an die mit schwarzem Kunststoff und gepolstertem Leder verkleidete Tür, starrte hinaus, während der Wagen weiter und weiter nach Westen raste.

Plötzlich, völlig unvermittelt erfassten die Scheinwerfer am Fahrbahnrand eine schwarze Gestalt, vielleicht eine Frau. Sie schien zu winken, sie war wie aus dem Nichts aufgetaucht. Sekunden später hatten die beiden jungen Männer sie schon hinter sich gelassen. Vorbei. Vorbei...

Felix packte Stefan am Arm. Verstört, verwirrt. Ob er sie nicht gesehen habe? Warum er nicht stehen geblieben sei? Natürlich habe er sie gesehen, entgegnete Stefan scharf und bestimmt. Was er denn hätte tun sollen, fragte er genervt. Eine Vollbremsung machen, stehen bleiben? Jeder habe das Recht, mitten in der Nacht im Salzburger Land durch die Gegend zu gehen, auf Gehsteigen, im Wald, von ihm aus auch auf Straßen. Wo auch immer. Er sei ganz sicher nicht für andere verantwortlich. Jeder habe seinen freien Willen, er aber in keinem Falle Lust auf irgendwelche langen Erklärungen einer vielleicht verwirrten oder betrunkenen Frau gehabt, die den Nachhauseweg nicht mehr finde. Es würde schon jemand stehen bleiben und sie mitnehmen. Ganz bestimmt.

Felix schüttelte den Kopf. Es dauerte einige Zeit, bis er antworten konnte. Natürlich könne jeder mitten in der Nacht auf Gehsteigen, in Wäldern und auf Straßen herumgehen. Das war keine Frage. Wer wusste schon, warum Leute jetzt noch unterwegs waren. Was kümmerte es sie? Was aber, wenn die Frau Hilfe benötigt hatte? Wenn etwas passiert war? Ein Unglück? Die Möglichkeit, dass...

Im selben Augenblick fiel ihm diese Geschichte ein. Und er erzählte sie Stefan, während sie weiter durch die Nacht jagten. Er erzählte von dieser Begebenheit, die damals sogar in der Zeitung gestanden war. Von der ihm seine Großmutter vor einigen Jahren berichtet hatte. Von dieser Frau, die bei einem tragischen Verkehrsunfall in den 1980er-Jahren auf dieser Straße ihr Leben verloren hatte. Sie war mit ihrem Auto auf die Gleise der Bahn gestürzt und von einem Zug erfasst worden. Anscheinend sei sie nicht sofort gestorben, sondern habe noch laut, lautstark geschrien. Felix erinnerte sich, dass er damals, als er von dieser Geschichte erfuhr, in jener Nacht sogar von dieser Frau geträumt, sich dieser Vorfall tagelang in seinem Kopf eingenistet hatte. Wer sie nicht mitnehme, würde durch einen Unfall sterben, so erzählte man sich. Dieser Satz hatte sich noch lange Zeit in seine Gedanken eingebrannt. Und war nun wieder aufgetaucht…

Stefan runzelte die Stirn. Er war vor wenigen Jahren erst in den Pinzgau gezogen und hatte noch nie von so einer Begebenheit gehört. Er kenne hingegen eine Legende, die aus dem Westen Frankreichs stammen soll. Danach sei mehrfach ein Mönch am Straßenrand gesehen worden, der von einigen Autofahrern mitgenommen wurde. Als er auf dem Rücksitz Platz genommen habe, habe er anscheinend sinngemäß „Wir bekommen einen heißen Sommer und einen blutigen Herbst" gesagt und sei spurlos verschwunden. So, als ob er gar nie im Auto gesessen wäre. Eine seltsame Sache sei das mit Sicherheit gewesen, fand Stefan und lächelte vor sich hin. Aus jedem Winkel Europas würden düstere und dunkle Legenden hervor- und in die Köpfe von Menschen kriechen, wenn diese nur empfänglich genug dafür seien. Die Erzählung vom unheimlichen Anhalter oder einer Anhalterin sei nur eine von vielen Schauergeschichten. Und überhaupt wolle er nicht über diese albernen Themen sprechen, er stehe mit beiden Füßen im Leben, in der Realität.

Jene Realität, in der vor ihnen unvermittelt ein LKW auftauchte. Er fuhr langsam, vorsichtig. Zu langsam für Stefan, doch an ein Überholen war noch nicht zu denken. Zumindest vorerst, denn Stefan wurde ungeduldiger, wollte vorbei, wollte nach Hause. Dieser

Kerl da vorne hielt auf, bremste, provozierte vielleicht sogar. Es würde sich schon ausgehen, ganz bestimmt. In der Nacht zu überholen sei ohnehin sicherer als am Tag, man sehe ja schon von weitem, wenn sich ein Auto mit Scheinwerfern nähere. Und überhaupt sei vieles im Leben knapp, meinte Stefan... Felix schwieg. Das war Stefans Standpunkt, seine überschätzende Sicht der Dinge, seine maßgeschneiderte Betrachtungsweise. Dass die gesamten Sichtverhältnisse, das Einschätzen, ob und wie viel Platz am Fahrbahnrand bleibt und mit welcher Geschwindigkeit das entgegenkommende Fahrzeug durch die Nacht fährt, die andere Seite der Medaille waren, behielt er für sich. Und schwieg weiter.

Stefan scherte aus, entschlossen, versuchte am LKW vorbeizukommen, an dessen roten Plane, an den riesigen Rädern, weiter und weiter, am Brüllen des Motors vorbei. Stefans Gesichtsmuskeln verkrampften sich, er beschleunigte mehr und mehr, bis das Licht vor ihnen auf der Gegenfahrbahn plötzlich aufblitzte, schnell und unaufhaltsam auf sie zukam. Es gab kein Ausweichen mehr, keinen Platz, nur mehr die Gewissheit. Die Gewissheit, dass es sich nicht mehr ausgehen, dass es zu spät sein würde. Dass das Ignorieren der schwarzen Frau, die jetzt noch einmal kurz und schemenhaft auf der Fahrbahn zwischen den beiden Fahrzeugen auftauchte, den Tod bedeuten konnte. Die Lichter der Nemesis kamen näher, der Zusammenprall, das Unausweichliche, das Verderben. Hier und jetzt. Drei, zwei, eins, null...

Das Blaulicht zuckte durch die Nacht, man sah rasche, kontrollierte Bewegungen von Einsatzkräften, hörte laute Schreie, Befehle, Anweisungen. Die Straße war immer noch nass, von beiden Seiten gesperrt, der Verkehr angehalten. Die Leute hatten ihre Fahrzeuge verlassen, waren ausgestiegen, um nachzusehen. Doch was sie sahen, war nur das Ende, das furchtbare Ende von Menschen in dieser schrecklichen Finsternis, inmitten von dunklem Blut und deformiertem Blech. Hier gab es kein Überleben mehr. Hier gab es nur noch den blanken Tod und nichts anderes. Stefan stand da, starrte wie benommen auf diese gespenstische Szenerie, mitten in der Nacht, umgeben von Menschen, die wie stumme, fassungslose Totenwächter am Rande eines Grabes wirkten. Er stand am Straßenrand, stand da und ging nun langsam, ging zögernd näher auf die beiden Fahrzeuge zu, die in vollem Tempo wie Geschosse zusammengeprallt und jetzt wie ein metallener Brei ineinander verkeilt waren. Überall Scherben, Splitter, schwarze Kunststoffteile, zerrissenes Leder, der Asphalt färbte sich dunkelrot. Er hatte doch nur nach Hause gewollt. Nach Hause. Er fühlte sich schwach und elend, seine Augen wurden langsam feucht, Tränen liefen an den Wangen herunter, die Stimme erstickt, verloren, völlige Leere. Er hatte doch nur nach Hause gewollt. Nun musste er hilflos zusehen, wie man mit der Bergeschere seinen toten Körper aus dem Fahrzeug schnitt…

Der Gesang der Sirenen

Tirol (A)

Und plötzlich schüttete es. Gerade als Alfred Hörschinger am Parkplatz angekommen war, schüttete es aus wahrhaftigen Kübeln, peitschte aus pechschwarzem Himmel das Wasser zornig und furchtbar über die Berge und Wälder des Tiroler Unterlandes. Nur das Panoramadach sowie die restliche Hülle des schwarzen Peugeot fungierten als Schutzschild und trennten den nächtlichen Reisenden von dem Unwetter, diesem nassstürmischen Inferno, das da draußen dämonisch dröhnte, wütete und tobte. Der Straßenrand verschmolz im Niederschlag mit den Wiesen, Büschen und Bäumen zu einer konturlosen Masse, die Scheibenwischer verrichteten dem Sisyphos gleich ihre immer wiederkehrende Aufgabe, wenn die Regentropfen pausenlos wie große, unförmige Geschosse die Windschutzscheibe trafen. Auf dem dunklen Asphalt wähnte sich Hörschinger wie Charon, der sein Schiff geradewegs in die Hölle der Nacht steuern musste, während die Reflektoren der Leitpflöcke entlang der Straße in diesem wilden Orkus funkelten wie Vorposten der Unterwelt. Hörschinger fuhr sich mit der rechten Hand durch sein noch dichtes, halblanges und an den Schläfen halbergrautes Haar und massierte gedankenverloren seine glattrasierten Wangen.

Er dachte daran, mit Sicherheit einen erstklassigen Stoff für einen Thriller abzugeben, so einsam und alleine auf der Straße. Das wäre schon was, literarisch einmal verewigt zu werden als Alfred Hörschinger.

Vielleicht sogar als Protagonist einer Erzählung des Tiroler Autors Christian Kössler, vorgetragen bei einer Krimiwanderung, die von der Bücherei Kramsach organisiert wurde. Seine diesbezüglichen Vorrecherchen hatten Hörschinger heute Abend in diese Gegend verschlagen. Das Publikum würde sich am besagten Parkplatz versammeln und Kössler dann, an mehreren Stationen einen skurril-schwarzhumorigen Text vortragend, am Berglsteiner See das Ende seiner Geschichte präsentieren.

Hörschinger hatte sich vor etwa zwanzig Minuten auf den Rückweg gemacht, hatte das versteinerte Liebespaar am See hinter sich gelassen, war durch die Serpentinen den Wald hindurch gegangen, mit Blick hinüber ins Zillertal, vorbei an Holzstapeln, Aufforstungsflächen und dem „Leichter Lernen Wanderweg“ mit Übungen wie dem „Ohrrubbler“ oder dem „Gehirnstemmer“.

Hörschinger dachte aber auch an die oft kurzen Momente, in denen das Leben seine Wendungen nahm und nehmen konnte. Nicht selten in Sekundenbruchteilen, Wimpernschlägen, in wenigen Augenblicken. Und es hing letztlich immer wieder davon ab, wo man zu welchem Zeitpunkt saß. Und wer einem gegenüber.

So war der Alfred eines Abends in einem Innsbrucker Lokal in der Andechsstraße, nicht weit vom Reichenauer Sportplatz, mit Rebecca Holzknecht-Holzer, einer erfolgreichen Unternehmerin, ins Gespräch gekommen. Jenem Sportplatz, auf dem Hörschinger in den 70er-Jahren noch seine ledernen Schussstiefel getragen und den damals statt saftigen Grüns noch rote Erde bedeckt hatte. In der Frühjahrsvorbereitung gab es Schusseinheiten auf dem pickelhart gefrorenen Boden, Ausdauerläufe über schneebedeckte Felder beim Schloss Ambras oder hinauf zur Bergisel-Schanze. Eine böse Knie- und Schienbeinverletzung stoppte die ehrgeizigen Ambitionen jedoch jäh und statt metallener Pokale in den Schränken zierten nun metallene Schrauben das rechte Bein Hörschingers, auf den sich seit diesem Zeitpunkt beim Passieren jeglicher Sicherheitsschleuse auf Flughäfen immer ein leichter und etwas beunruhigender Hauch von Nervosität legte. Über diese fußballerischen Reminiszenzen hinweg hatte Alfred ihr von seiner journalistischen Laufbahn erzählt, die nun in die Jahre, ins Stocken und wohl zum Stillstand gekommen war. Hörschinger zeichnete Träume von einem eigenen Lokalblatt, abseits vom stummen und willfährigen Chargieren im Schatten der alteingesessenen Chefredakteure. Er wollte nun endlich dem Lakaientum den Rücken kehren, dem Leben als schreibendem Adlatus übermächtiger Vorgesetzter den endgültigen Laufpass geben. Das hatte Holzknecht-Holzer schwer beeindruckt und da diese die deftigen Kolumnen und den wunderbar geschliffenen, ironischen Schreibstil Hörschingers seit vielen Jahren kannte, versprach sie in jener Nacht, sponsortechnisch groß einzusteigen. Als Frucht dieser Nacht wurde wahrhaftig wenige Wochen später ein havarierendes Lokalblatt kurz vor dessen Schiffbruch aufgekauft. Eines, das schon länger auf Hörschingers Gedanken-Landkarte eingezeichnet war und mit ihm als Kapitän, den entsprechenden Ressourcen sowie neuen, frischen Ideen eine wahre Goldgrube werden würde. Und es wurde tatsächlich eine.

Eilig engagierte Hörschinger, nun mit ordentlichem Kapital ausgestattet, routinierte Reporter-Recken, von deren absoluten Qualität und Erfahrung er überzeugt war, fuhr mit Print- und Online-Ausgabe zweigleisig und schaffte es, das Interesse der Leserschaft auch langfristig zu erregen und so auf Erfolgskurs zu segeln.

Zufrieden zupfte Alfred nun an seinen Nasenhaaren herum, lehnte sich genüsslich in den Ledersitz zurück und trommelte die ersten Schlagzeug- und Gitarren-Takte von Chris Reas „Road to hell" auf das lederne Lenkrad.

Hatte er sich bis vor wenigen Augenblicken noch alleine in dieser gefluteten, furchtbaren Finsternis Skylla und Charybdis entgegensteuernd gewähnt, so tauchten nun völlig unvermittelt hinter ihm Lichter im Rückspiegel auf. Sie gehörten einem Fahrzeug, das mit unglaublicher Geschwindigkeit näher kam. Ein Führerscheinneuling. Das war Alfreds todsicherer Tipp. Ein junger Bursche, der seine eroberten Dorfschönheiten, vermutlich schon äußerst glänzend aufgelegt, in die nächste Disco entführen wollte. Der keine Ahnung hatte, wie sich Autos bei Nässe in Kurven verhalten. Der übers Ziel hinausschießen, der im nächsten Straßengraben landen, der seiner Nachwelt nur mehr als verwittertes Holzkreuz am Wegesrand in Erinnerung bleiben würde.

Es war ein Kleinbus, der nun kurz und beängstigend knapp an Hörschingers hinterer Stoßstange klebte, dann plötzlich ausscherte, an Alfred vorbeischoss und in selbstzerstörerischer Anwandlung weiter durch die apokalyptische Regenlandschaft jagte. Bei diesem Überholmanöver klatschte das Wasser auf der Straße laut und wie eine geifernde Gischt an die Seitenfront des Peugeot. Für einen Moment hatte Alfred das bunte Logo der „Klagenfurter Klarinetten-Kombo featuring Kräisy-Karawanken-Klaus" auf der Heckscheibe ausmachen können. Irgendwo in seinem Hirn läuteten leise und dann immer lauter Glocken, die ihn aus seiner Landstraßen-Lethargie weckten und alarmierten. In der Musikszene kannte sich Hörschinger zwar nicht sonderlich aus, die Klarinetten-Kombo und den Klaus aber, die kannte er. Und Alfred wusste vor allem drei Dinge ganz genau: Die Burschen füllten große Hallen, waren definitiv nicht in Tirol zuhause und würden mit großer Sicherheit hier keinen Urlaub machen. Wohin fuhren also diese Klagenfurter Kameraden?

Hörschingers journalistischer Jagdinstinkt war geweckt. Er, ein alter, findiger Fuchs, zeichnete sich aus, den richtigen Riecher zu haben, das goldene Gespür für Geschichten, die sich schon so manches Mal als Sensation erwiesen hatten. Er war einer der grauen und erfahrenen Wölfe, die die entscheidende Witterung früh genug aufnehmen konnten, um dem Rest des Rudels nur mehr Berichterstattungs-Aas übrig zu lassen. Hörschinger musste den Musikanten folgen, das war klar. Er presste die Lippen zusammen und beschleunigte seinen Wagen trotz der abenteuerlichen Straßen- und Witterungsverhältnisse. Und entgegen seiner Vernunft. Aber die Vernunft war noch selten ein guter Ratgeber gewesen, wenn man an eine gute Story kommen wollte. Nein, er durfte die Kärntner, die immer noch in einem Höllentempo da vor ihm durch die Nacht rasten, nicht aus den Augen verlieren. Trotzdem verfolgte Hörschinger sein Ziel mit etwas Respektabstand, um einigermaßen unverdächtig zu agieren, nicht frühzeitig die Aufmerksamkeit der Kombo auf sich zu ziehen, die in ihrem Wagen nun plötzlich den Blinker betätigte und scharf nach rechts einbog. Da man Alfred nicht sofort als Verfolger wahrnehmen musste, passierte er die Einfahrt, die auf ein Landgasthaus in wenigen Metern

Entfernung hinwies, fuhr etwa noch eine Minute geradeaus, wendete und nahm schließlich ebenfalls die Abzweigung. Unauffälligkeit war bisweilen doch der kleidsamste Tarnmantel.

Die Straße führte geradeaus, dann durch ein kleines Wäldchen, dessen dunkles Dickicht in dieser verregneten Nacht wenige Gründe bot, einen ausgiebigen Spaziergang durch den finsteren Forst zu machen. Dann gaben die Bäume den Blick frei auf ein großes, mehrstöckiges, im Erdgeschoß hell erleuchtetes Gebäude. Hörschinger fuhr mit Schrittgeschwindigkeit und sah vier Personen, vermutlich die Klagenfurter, auf den Eingangsbereich zusteuern. Sie hatten ihn offensichtlich nicht registriert, denn niemand drehte sich um oder schenkte dem Journalisten auch nur einen Funken Aufmerksamkeit. Als sie durch die Schiebetüre verschwunden waren, suchte sich Alfred linker Hand des Gasthofs, etwas abseits gelegen, eine Abstellgelegenheit, holte seine schwarze Lederjacke von der Rückbank, steckte seine verspiegelte Sonnenbrille ein und stieg aus.

Der Niederschlag hatte nun etwas nachgelassen, es war ziemlich kühl. Hörschinger zog den Reißverschluss bis ganz zum Kragen hinauf, steckte seine Hände in die Einschubtaschen und ließ seine Blicke durch die Düsternis schweifen, um sich einen allgemeinen Überblick zu verschaffen. Der Parkplatz war vom umgebenden Wald mit etwa medizinballgroßen

Steinen abgegrenzt, die im Dunst des Regens glatt und grau glänzten. Zusätzlich hatte man sie noch quer über diese ganze Fläche deponiert und in regelmäßigen Abständen große Laubbäume gepflanzt, die wie die Steine als Trennstreifen zwischen den Abstellplätzen fungierten. Der Blick auf den Fuhrpark zeigte eines ganz offensichtlich: Neben einigen – wie er vermutete – „Allerweltsgästen" beherbergte das Haus eine stattliche Abordnung des heimischen Musik-Hochadels. Autokennzeichen und Beschriftungen sprachen jedenfalls eine ganz eindeutige Sprache. „Hans und Heinz aus Stainz" standen da unter anderem neben den „Hausrucker Rock'n'Roll-Rebellen", direkt anschließend hatten „Die zwei zünftigen Zillertaler Zitherspieler" einen großen Geländewagen in den Gatsch geparkt. In der Musikszene kannte sich Hörschinger zwar nicht sonderlich aus, aber eines wusste er: Das hier waren Könige und Königinnen des heimischen Schlagers, der ziemlich hochgebirgigen, volkstümlichen Musiklandschaft. Singende und spielende Halbgötter, die mit ihren Bandnamen und Liedertexten aber auch eine fantastische Fundgrube waren für jede Sprachwissenschaftlerin und jeden Sprachwissenschaftler, für jede Germanistin und jeden Germanisten, für alle Stabreim-Fetischisten.

Was war denn an diesem Ort, in einem Tiroler Landgasthaus, im Gange? Was trieben all diese Leute hier an einem verregneten Augustabend? Fest stand: Ein offizieller Termin konnte es wohl kaum sein, denn dann hätte Hörschinger oder jemand in seinem Team Wind davon bekommen. Ihnen entging wenig bis nichts. Fast nichts. War es möglich, dass diese Zusammenkunft einfach so durch das interne Redaktionssieb durchgesickert war? Nein, nein, völlig ausgeschlossen und deshalb musste Alfred herausfinden und ausgraben, in welcher Mission Musikanten von höchstem Rang und Namen hier aufs Tiroler Spielfeld liefen.

Aufgeweichter Kies knirschte unter seinen Schuhen, als er sich der Schiebetüre näherte. Hörschinger betrat das Entree und befand sich sofort in bester Gesellschaft, als Roy Black gerade herzerfrischend über großdimensionierte Lautsprecher „Du bist nicht allein“ intonierte. Mit einem Schlag fühlte sich der Journalist – rein optisch gesehen – in ein Heimatmuseum versetzt. Holzvertäfelungen ohne Ende, künstliche Nadelbäume, ein improvisierter Herrgottswinkel, eine Zirbenstuben-Lounge, zu Prospektständern umfunktionierte Baumstämme. Rechts ging es über eine Stiege, ein künstlich verwittertes Hinweisschild wies den Weg hinunter in die Disco mit dem furchteinflößenden Namen „Trachtenhöhle“. Hinter der Rezeption, die sich vor Alfred wie eine uralpine Almhütte aufpflanzte, hingen hölzerne Schlüsselanhänger. Klobig, naturbelassen und noch mit Rinde versehen, baumelten sie geduldig und höchst dekorativ unter einer imposant wirkenden

Trophäe eines Hirsches, der Hörschinger mit seinen dunklen Knopfaugen seelenlos anglotzte.

Die Rezeptionistin, vermutlich in den Endvierzigern, trug stilgerecht Dirndl und hatte soeben die Kärntner Abordnung in einen anderen Bereich des Gasthofs geschickt. Da Alfred keineswegs spontan ein Zimmer mit heimatlichem Zirbenduft buchen wollte, war also eine andere Strategie notwendig, um die Vorgänge in diesem Hause näher und intensiver unter die Lupe nehmen zu können. Deshalb entschied sich Hörschinger für die Masche mit dem WC.

„Schönen guten Abend, gnädige Frau. Es… es ist mir ein bisschen peinlich, aber ich… bin schon eine ganze Weile mit dem Auto unterwegs und leider lassen sich gewisse Bedürfnisse nicht ewig aufschieben…“

Alfreds Gesicht wandelte sich zu einer leidgeprüften Grimasse und er wusste, dass so eine Bitte niemals abgeschlagen werden konnte. Frauen verstanden das. Immer. Auch diese hier. In breitem, sächsischem Dialekt eröffnete sie:

„Nu, nu, selbstverständlich. Ist ja auch nicht wirklich einladend, bei diesem Wetter im Freien auszutreten… Geradeaus und dann links…“

Hörschinger grinste, nickte dankend und sah erst jetzt ein kleines, braunes Wollknäuel, das sich aus einem Korb neben der Rezeption schälte, herzhaft gähnte und den Journalisten neugierig fixierte. Ein kleiner Hund, Modell Plüschtier. Dackel oder so.

„So klein und schon ein Hund… Funktioniert der mit Batterie?“, fragte Hörschinger die Frau, ohne mit einer ernsthaften Antwort zu rechnen.

„Manchmal würd‘ ich sie ihm am liebsten rausnehmen, dem kleinen Kläffer! Das ist „Fuffu“, unser Haus-Wachhund. Der kann so laut bellen, das glauben Sie gar nicht… Und davon muss er sich dann halt auch manchmal erholen…“

Wieder grinste Alfred und stellte sich die Klappe in der Bauchgegend des Hundes vor, die zwecks Batterientauschs regelmäßig geöffnet werden musste.

„Hmmm… Dann war er jetzt gerade im Ruhemodus, oder? Also dann: Danke schön! Tja, und du…“, und dann richtete Hörschinger seinen Zeigefinger auf den noch etwas müden Vierbeiner, „du passt mir gut auf das Haus hier auf, comprende?“

„Na, solange so nette Leute wie Sie hereinkommen, muss er nicht sonderlich viel tun…“

Die Empfangsdame wurde jetzt ein wenig rot, Hörschinger wandte sich zum Gehen Richtung Toilette und ließ Frau sowie Hund hinter sich. Als er die

Holztüre öffnete, glänzte und glitzerte, spiegelte und blinkte es aus allen geputzten Ecken und gewischten Enden. Frischer Tannenduft – oder doch synthetisches Aroma, das man in der Hexenküche der chemischen Industrie für den Endverbraucher produzierte – stieg ihm in die Nase und seine Ohren wurden mit „Voller Power mit dem Radl nach Thaur“, dem legendären Superhit der leider schon verblichenen „Fidelen Finstermünzer Fensterputzer“ beschallt. Dieser so gesehen gar nicht so stille Ort hier war wirklich ein wahrhaftiges Ganzkörpererlebnis für alle Sinne, eine Oase gehobenen und unvorstellbaren Wohlbefindens. Hörschinger steuerte die letzte Kabine an, legte gewohnheitsmäßig reichlich Klopapier auf den Sitz und ließ sich entspannt nieder, um geschäftsverrichtend zu warten.

Und er wartete nicht lange, denn günstigst gewogen war ihm Glücksgöttin Fortuna und noch während sich sein Blick auf hellblaue Fliesen mit Wald- und-Wiesen-Motiv richtete, betraten offenbar mehrere Personen die Toilette. Gemurmel und Gelächter drang an seine Ohren, noch konnte er nicht verstehen, was der Gegenstand der Gespräche dieser WC-Besucher war. Das änderte sich nun.

„... tolle Location, die der Ferdy da ausgesucht hat. Nigelnagelneu ist die Bude hier. Und wie das duftet...“

„Hmmmmm....“, brummte eine zweite Stimme und dann hörte Hörschinger nur mehr ein erleichtertes Durchatmen, dem gleich darauf ein gleichmäßiges Spülen folgte.

„Gehen wir noch an die Bar was trinken? So ein Whisky wär' doch was... Der Vortrag fängt eh' erst in einer Viertelstunde an... Ich bin ja schon so neugierig... Epochal, hat der Ferdy gesagt. Epochal... So, dann gehen wir...“

Treffer. Voll ins Schwarze. Das war es. Darauf hatte der jetzt im Untergrund agierende Alfred gewartet und war mit seinem sensationellen Spürsinn auch dieses Mal richtig gelegen. Mochte man im Leben noch so wichtige Sitzungen und Meetings verpassen – auf Toiletten erfuhr man fast immer die ausgequetschte Quintessenz. Kein Zweifel. In diesem Mikrokosmos, umgeben von Darmgasen und Duftsteinen, hatte so mancher schon Geschäftsgeheimnisse, Unternehmensvisionen und Stellenabbaupläne preisgegeben und sich wahrlich gewundert, weshalb die am nächsten Morgen in der Zeitung gestanden waren.

In der Musikszene kannte sich Hörschinger zwar nicht sonderlich aus, aber er wusste jetzt, dass es sich um einen äußerst bedeutsamen Abend für die singende Society handeln musste. Jetzt galt es nur noch herauszufinden, wo genau die Party steigen würde.

Der Journalist ließ noch einige Sekunden verstreichen, dann entstieg er seiner Einzelkabine, wusch sich die Hände und machte sich auf den Weg zum Empfang. Die Dame aus Ostdeutschland würde den Veranstaltungsraum mit Sicherheit preisgeben. Alfred zog seinen Bauch ein und die schwarze Sonnenbrille aus seiner Lederjacke, setzte diese im Gehen rasch auf und lehnte sich, bei der Sachsen-Lady angekommen, lässig am Holzverbau an.

„Sorry, aber heute ist wirklich nicht mein Abend. Wo haben wir Musikanten jetzt noch einmal unseren Treffpunkt?"

Die Dame sah ihn mitleidvoll lächelnd an und tätschelte freundlich Hörschingers Arm.

„Macht doch nichts! Das mit dem Alzheimer geht ohnehin schleichend und nicht abrupt. Hauptsache, gut singen könnt ihr! Göttlich gut! Die Stiege hinauf in den zweiten Stock, links, Seminarraum zwei. Viel Spaß…"

Hörschinger bedankte sich mit einer theatralischen Verbeugung und angedeutetem Handkuss, machte kehrt und stieg die Treppe bergan. In der zweiten Etage angekommen, wandte er sich links und fand die Türe des Seminarraums zwei, der gleich auf Seminarraum eins folgte, angelehnt. Alfred blickte sich kurz um. Es war niemand zu sehen. Vorsichtig schlich sich Hörschinger hinein. Auch hier keine Menschenseele. Der Raum war hoch, hell beleuchtet, der Boden mit dunklem Parkett ausgelegt. Alles wirkte nackt und nüchtern, ganz im Gegensatz zum sonstigen Folklore-Firlefanz des restlichen Hauses. Nach Alfreds Schätzung war der kleine Saal für etwa vierzig Personen bestuhlt. Vor der ersten Reihe hatte man eine Art Podium mit Lautsprecher aufgepflanzt, dahinter verdeckten schwere, beigefarbene Vorhänge, die fast bis zum Boden reichten, die Fenster. Zur Linken des Journalisten, gleich neben der Türe, gruppierten sich Weinflaschen, formierten sich Sektgläser und gläserne Krüge, die wiederum von einer stattlichen Anzahl Bierflaschen flankiert waren. Diese alten Saufbrüder, dachte sich Hörschinger. Hier würde heute Abend nichts trocken bleiben. Als Alfred sich auf das Podium zubewegte, um es etwas genauer in Augenschein zu nehmen, hörte er plötzlich Stimmen. Sie kamen näher. Und näher. Nur noch wenige Schritte. Was sollte er tun? Was konnte er tun? Hörschinger schluckte. Ungesehen kam er hier ohne Tarnkappe definitiv nicht mehr heraus. Das war ausgeschlossen. Sich spontan als Musikant auszugeben, hatte zwar unten beim Empfang noch fabelhaft funktioniert, war hier oben aber, wenn wirklich die gesamte Interpreten-Infanterie anrückte, vermutlich keine sehr gute Idee. Diese Gesellschaft kannte sich nur zu gut und Hörschinger wollte auf gar keinen Fall riskieren, hochkant aus dem Hotel zu fliegen. Er war bis auf jeden einzelnen Knochen entschlossen, den Grund dieser abendlichen

Konferenz herauszufinden. Die Vorhänge! Es blieben die Vorhänge! Alfred stürzte sich hinter den beigen Stoff, der in etwa einem halben Meter Abstand zur Fensterfront von der Decke hing, zog ihn zurecht und harrte der Dinge, die da kommen würden.

Lautes Gelächter und Stimmengewirr vermischte sich mit kreischendem Stuhlgeschiebe. Hörschinger blickte auf seine Uhr. Zehn vor neun. Um 21 Uhr würde er wirklich wissen, was hier los war. Endlich. Die wenigen Gesprächsfetzen, die er in den folgenden Minuten aufschnappte, brachten nicht wirklich Licht ins Dunkel seines Gehirns und so machte Alfred es sich auf der langen Fensterbank bequem. Draußen in dieser furchtbaren Nacht brüllte sich das Unwetter noch immer seine Seele laut aus dem Leib und die Regentropfen prasselten unverändert im wütenden Stakkato gegen die Scheiben. Er atmete tief ein. Er konnte warten. Er hatte Zeit. Viel Zeit.

Schlag neun knallte plötzlich die Türe ins Schloss, die für Hörschinger nicht sichtbare Menge verstummte mit einem Mal und laute, energische Schritte hallten jetzt durch den Raum. Dann Stille. Zweimal wurde vermutlich zu Testzwecken ans Podiumsmikrofon geklopft. Dann war laut und klar eine tiefe, markante Stimme über die Lautsprecher zu vernehmen.

„Liebe Leut'! Vor der Türe weint der Himmel… und auch mir kommen die Tränen. Zum einen sind es

Tränen der Trauer, ist es doch heute genau auf den Tag zwei Jahre her, dass unseren Freunden aus Tirol, den „Fidelen Finstermünzer Fensterputzern", jenes schauderhafte, jenes schrecklich-schaurige Schicksal widerfahren ist, das uns noch heute das Blut in den Adern gerinnen lässt. Zwei lange Jahre sind ins Land gegangen, seit sie ihr ehemaliger Manager auf heimtückischste, auf gemeinste und grausamste Art und Weise aus dem Leben und damit aus unser aller Herzen gerissen hat. Doch die Erinnerung an diese schweren Stunden soll gleichzeitig auch der Beginn einer neuen Ära sein. Einer neuen Ära, eingeleitet durch jahrelange Forschungen eines Mannes, den ich heute mit Stolz in unserer Mitte begrüßen darf."

Eine bedeutungsschwangere Pause entstand, Hörschinger hörte den Sprecher – offensichtlich jener Ferdy, den der Mann auf dem Klo genannt hatte – einen tiefen Seufzer ausstoßen, der diesem Moment eine höchst feierliche Note gab und die Dramaturgie noch zusätzlich steigerte. Spannend machte er es, dieser Ferdy. Das musste man ihm schon lassen.

„Und so sind es auch Tränen der Freude, wenn ich jetzt, hier und heute, den hochverehrten Herrn Professor Anton Schmirinsky in unserer Mitte begrüßen darf. Jenen Freund, der uns einen neuen Weg in die Zukunft geebnet hat. Jene Kapazität, die dafür sorgen wird, dass wir, wir alle in den nächsten Jahren eine exklusive Vormachtstellung, ein musikalisches

Monopol errichten werden können. Denn es ist…“, und ein leichter, leiser Hauch von Ergriffenheit schien sich auf die Stimme des Vortragenden zu legen, „…es ist Herrn Professor Schmirinsky nunmehr gelungen, seine Forschungen im Bereich der Frequenzen und Schwingungen soweit abzuschließen, dass wir in Zukunft in der Lage sein werden….“

Wieder folgte eine Unterbrechung, der Atem des Sprechenden traf einen kurzen Moment lang laut das Mikrofon und wurde dadurch sofort zum akustischen Großereignis. Weitere Sekunden vergingen. Der Bursche war eine ziemliche Rampensau, ein Großmeister der Spannung. Das anerkannte Alfred Hörschinger nun neidlos und klatschte lautlos Beifall. Gefesselt hörte er weiter zu, ohne die drohende Gefahr, die schreckliche Nemesis zu ahnen, die in der Luft lag, die auf ihn zusteuerte. Unaufhaltsam.

„Sangen wir uns bislang in die Herzen der Menschen, greifen wir nun nach ihrer Seele. Jung und Alt, Groß und Klein, tot oder lebendig… Ein kritischer Gebrauch des Verstandes wird mit dieser neuen Entwicklung, diesem Gesang der Sirenen nicht mehr möglich sein. Wie willenlose Puppen und Marionetten, wie Odysseus selbst werden die Leute gar nicht mehr anders können, als uns zuzuhören. Sie werden gar nicht mehr anders können, als uns zu lieben, unsere Musik zu lieben und diese dann auch… zu kaufen!“

Wie bitte? Wovon sprach dieser Mann, der sich in einer derartigen Hybris verfangen hatte, dass dem Hörschinger Hören und Sehen verging. Verstand? Odysseus? Sirenen? Was für ein Windmacher war jener Vortragende, der da die Gehörgänge seines Publikums mit einem derartigen Blödsinn beschickte? Ein harmloser Spinner? Oder ein gefährlicher und durchgeknallter Wahnsinniger?

„Danke, Herr Professor! Danke! Danke... Doch leider ist es so, dass wir Ihre Dienste, die Sie uns bislang auf so treue Weise leisteten, nicht mehr benötigen. Ihr Wissen und damit die Macht, uns alle im Falle des Falles in der Hand zu haben, liegt wie ein schwerer Schatten über dieser Versammlung. Nein, nein, nehmen Sie es mir also nicht übel, wenn ich Sie nun also... ein wenig erschießen muss..."

Noch ehe Hörschinger fassen konnte, was dieser Ferdy vor dem Vorhang von sich gegeben hatte, war ein kurzes Klatschen zu vernehmen. Ein Stöhnen folgte, dann rutschte offenbar ein Stuhl auf dem Parkett herum. Alfred hörte aufgeregtes, hektisches Gemurmel.

„Schafft ihn hinaus. Und lasst ihn dann irgendwo im Wald verschwinden. Aber macht es gründlich..."

Mord! Eiskalter Mord! Dieser Ferdy hatte Professor Schmirinsky einfach niedergeknallt. Ermordet!

Urplötzlich wurde Alfred bewusst, dass es ein hochriskantes Hasardspiel war, welches er da betrieb. Wenn die da draußen jetzt aus irgendeinem Grund auf die Idee kamen, den Vorhang wegzuziehen, säße er als akustischer Zeuge auf dem Präsentierteller da. Da würde es auch nicht mehr helfen, sich irgendeine zweifelhafte Geschichte zurechtzuzimmern, denn…

Hörschingers Smartphone läutete. Laut und unüberhörbar. Es war Rebecca Holzknecht-Holzers Nummer, die am Display aufschien! Seine Mäzenin! War dieser Anruf nun das eigene Totengeläute?

Schlagartig verstummten die Stimmen im Raum. Jetzt war Alfred geliefert. Und zum zweiten Mal in dieser Nacht sah er sich einer Entscheidung gegenüber. Er musste handeln, reagieren. Schnell. An eine Fensterflucht war nicht zu denken, die Fassade faktisch unkletterbar. Auch als Tiroler. Unmöglich. Für ihn als Amateuralpinisten hätte ein derartiges Abenteuer denkbar böse Folgen gehabt. Es gab also nur mehr einen Weg, eine Lösung. An der Meute und diesem Irren da draußen vorbei. Den Überraschungsmoment nutzen war das Gebot dieser Sekunden, die Alfred wie eine Ewigkeit schienen. Hörschingers Kehle war wie ausgetrocknet, energisch pulsierte die Halsschlagader. Weg, weg, er musste weg! Auf schnellstem Weg! Schon setzte er zum Sprint an, schon holte er tief Luft. Konzentriert, bereit zum Äußersten, ging in Stellung, wollte den Vorhang energisch packen und einfach nur mehr abhauen... als dieser zur Seite gerissen wurde.

Alfred starrte in das Gesicht eines alten Mannes, dessen weiße Haarpracht wirr und verwegen vom Kopf abstand. Verzerrte Gesichtszüge in einer Mischung aus Wut und Überraschung blickten ihm entgegen, dahinter mit offenen Mündern teils sitzende, teils stehende Menschen, die ihn alle fixierten. In der Musikszene kannte sich Hörschinger zwar nicht sonderlich aus, aber diese da waren alle gekommen, um dem irren Plan jenes weißhaarigen Psychopathen zu lauschen und sich selbst – nur Gott wusste wie – an diesen Früchten zu laben. Vor der ersten Reihe, fußfrei, lag leblos ein älterer, wohlbeleibter Herr mit runder Brille am Boden. Ein riesiger Blutfleck breitete sich auf seiner weißen Weste aus, wurde größer und größer. Professor Schmirinsky, niedergestreckt in dieser unseligen Nacht. Tot.

Hörschinger rannte, rannte los. Vorbei an der verdutzten Menge, die nicht wusste, wie ihr geschah. Hinaus, hinaus! Draußen auf dem Flur kam Alfred ein dämlich grinsendes Pärchen in weißen Frottee-Bademänteln und Hauspantoffeln entgegen. Ein Zusammenprall war unvermeidlich. Der Journalist stieß den Mann einfach um und hastete in Richtung Stiege. Er nahm mehrere Stufen zugleich, stabilisierte seine wahnwitzige Flucht, indem er sich mit beiden Händen am Geländer festhielt und so die Kurven schaffte. Hinter sich hörte Alfred wütendes Gebrüll. Sie waren hinter ihm her, hetzten ihn, jagten ihn! Wollte man auch ihm, Alfred Hörschinger, spitze, scharfe Schlagermusiksplitter ins Gewebe, ins Hirn jagen? Die Worte Ferdys ließen den Schluss zu, dass es durch die Forschungen von Professor Schmirinsky möglich war, die Psyche der Hörerinnen und Hörer soweit zu beeinflussen, dass…

„Hallo! Hallo, Sie! Wohin denn so eilig? Haben Sie etwas vergessen?"

Mit schriller Stimme schrie die sächsische Empfangsdame, begleitet von nun einsetzendem wüstem Gebell des kleinen Dackels und nicht wenig verwundert über Hörschingers dramatischen und plötzlichen Abgang, dem Flüchtenden nach, doch der stürmte weiter, knallte durch die Schiebetüre, die mit einem verzweifelten, dumpfen Geräusch in mehrere Einzelteile zerbrach, und erreichte den Parkplatz vor dem Hotel. Sein Auto! Wo war sein Auto? Alfred musste sich kurz orientieren, dann stürmte er in die richtige Richtung. Es war nicht mehr weit. Immer noch hörte er das Brüllen seiner Verfolger.

„Holt ihn ein! Haltet ihn!", schrie dieser Ferdy, der im zweiten Stock das Fenster des Seminarraums Nummer zwei, das gleich neben dem Seminarraum Nummer eins lag, geöffnet hatte und mit markerschütternder Stimme in die Nacht hinausrief.

Nur mehr wenige Meter, nur kurz, nur... Hörschinger und sein schraubenverstärktes Schienbein kollidierten unvermutet mit einem jener Begrenzungssteine des Parkplatzes und lieferten damit den Beweis, dass Fels und Stein durchaus auch einem Tiroler oder einer Tirolerin zum Verhängnis werden konnten. Es hob Alfred aus und in einer abenteuerlich anmutenden Flugkurve drehte sich Hörschinger halb um die eigene Achse, schlug ohne Telemark hart auf dem Boden auf und verlor mit denkbar schlechten Haltungsnoten für einen kurzen Moment die Besinnung.

Es klarte auf. Bleich und sanft schien der Mond auf durchnässte Wiesen und Wälder, das dumpfe Grollen des Donners wurde leiser und leiser. Leichter Wind vertrieb nun endgültig die letzten Wolken und ein kalter, verirrter Regentropfen traf Alfred Hörschingers Nasenwurzel. Quälend langsam fuhr sich sein Betriebssystem, welches wie der Journalist völlig am Boden lag, wieder hoch und meldete Schmerzen in rechter Tibia und linker Humerus. Kleine Steinchen drückten auf Hörschingers Hinterkopf und Rücken. Vorsichtig, ganz vorsichtig, öffnete er die Augen, um sich schlagartig wieder mit der Gegenwart konfrontiert zu sehen. Knallhart und grausam.

Er starrte in das Gesicht von Ferdy, diesem garstigen Greis, der wiederum Alfred mit einem schiefen

Lächeln fixierte, das sich plötzlich zu höhnischem Gelächter auswuchs. Schneeweißer Zahnersatz kam zum Vorschein. Als wäre dieser Anblick nicht schon beunruhigend genug, bemerkte Hörschinger nun, dass er von der gesamten Musikantinnen- und Musikantenjagdgesellschaft, welche ihn zuvor noch quer durch das Hotel verfolgt hatte, umzingelt war. Sie beugten sich alle zu ihm hinunter und bildeten so eine Art Kamin, der nur mehr einen kleinen Auslass auf den klaren, tiefschwarzen Himmel über ihnen zuließ.

Die Lage gab ziemlichen Anlass zur Sorge. In der Musikszene kannte sich Hörschinger zwar nicht sonderlich aus, aber er wusste jetzt, dass man diese Truppe eher nicht für den Friedensnobelpreis nominieren würde.

„Soso, der Herr Hörschinger. Der Mann mit der spitzen Feder. Die fleischgewordene Tiroler Journalisten-Legende…"

„Legenden sind meist schon tot und begraben…", entgegnete Hörschinger.

„Hmmm… Angesichts Ihrer spektakulären Flugeinlage könnte man vielleicht jetzt sagen: Sogar die Presse ist hier gelandet. Allerdings schlecht…", stellte Ferdy fest, während Alfred sich langsam aufrichtete. Niemand aus diesem Gesangsverein sagte etwas, murmelte oder flüsterte einen Ton. Es war ganz einfach totenstill. Der Journalist kam sich vor wie auf einem Friedhof, den er illegal betreten und damit die Toten auferweckt, aus den tiefsten Schlünden der Hölle hervorgerufen hatte. Und doch… doch keimte für einen kurzen Moment ein kleines Fünkchen Hoffnung in ihm auf.

Wenn man ihn hätte loswerden wollen, so richtig aus dem Verkehr ziehen, wäre die Gelegenheit doch schon da gewesen. Wäre nichts leichter gewesen, als ihn still und heimlich, auf welche Art auch immer, für alle Zeiten ins Jenseits zu schaffen und sich so eines gefährlichen Mitwissers zu entledigen. Aber konnten die sich das leisten? Wirklich? Würden diese Leute, angeführt vom Ferdy, einen Alfred Hörschinger einfach in die ewigen Jagdgründe schicken? Und selbst wenn? Wie hätten sie das bewerkstelligen wollen? Ihn ebenfalls erschießen, als Alternative erhängen, ersaufen? Oder ihn gar auf perfide Weise musikalisch malträtieren, quälen und foltern? Ihn zu Tode singen? Nein, das konnte nicht sein. Das durfte niemand riskieren. Das Verschwinden eines Kommunikations-Kapazunders vom Range Hörschingers würde genug Staub aufwirbeln, um sämtliche Gewässer Tirols dunkelgrau zu färben. Das alles ging dem Journalisten innerhalb weniger Sekunden durch den Kopf. Doch noch während sich dieser zarte Hoffnungsschimmer am dunklen Horizont immer deutlicher abzuzeichnen schien, durchschnitt der Ferdinand dieses Gedankengespinst mit scharfer Schere.

„Sie glauben doch wohl nicht, dass wir Sie einfach so gehen lassen können, Herr Hörschinger? Das würde Ihre Intelligenz beleidigen, oder?“

Alfreds Gesichtszüge entgleisten und fuhren ungebremst an die Wand. Also doch. Also schon. War dies hier sein Kalamitätenkomitee, zusammengetreten, um nun über ihn, den Eindringling, zu richten? Hier unter freiem Himmel? Hörschinger spürte, fühlte und roch jetzt förmlich und immer stärker, dass diese Damen und Herren, diese musizierenden Alpinzombies ihm nicht freundlich kommen würden. Ihm als Architekt seiner eigenen Mission, die vor wenigen Minuten aufgeflogen und wie ein Kartenhaus zusammengebrochen war. Höchstbeunruhigt hörte Alfred hinter sich, tief und monoton, jemanden „Näher mein Gott zu dir“ summen. Nein. Diese Nähe sucht er noch nicht. Schon eher die Weite, die er jedoch angesichts dieser seltsamen Zeitgenossen um ihn herum nicht finden würde. Ein Durchbrechen jener schaurigen Phalanx schien unmöglich, zu dicht stand der Ring um ihn. Und doch… doch keimte für einen kurzen Moment noch einmal ein kleines, letztes Fünkchen Hoffnung in ihm auf. Hatte Hörschinger bislang schuldbewusst und in die Enge getrieben geschwiegen, atmete er nun tief durch, um trotzig festzustellen:

„Sie können, Sie dürfen mich nicht umbringen. Denn es... es gibt Zeugen, meine Damen… und Herren! Zeugen! Jawohl!“

Mit einem Mal fühlte sich Alfred erleichtert, kehrten Mut und Zuversicht zurück in seine angstdurchfluteten Adern. Er hatte jetzt den Joker gezogen, die Trumpf-Ass gespielt, das richtige Blatt geworfen. Im entscheidenden Augenblick.

Ferdy schüttelte sich nun, begann erst leise, dann laut und herzhaft zu lachen. Ein grausames Lachen, das aus den Abgründen des puren Irrsinns zu kommen schien. Und plötzlich stimmte die ganze Runde mit ein. Sie lachten. Sie lachten alle. Sie lachten ihn aus. Ihn, Alfred Hörschinger.

„Wenn Sie meine Tochter und meinen Schwiegersohn meinen, die hier ihren Urlaub verbringen und die Sie da oben umgerannt haben…“

Ferdy drehte sich um und winkte hinauf in den zweiten Stock. Hörschinger stockte der Atem. Das Pärchen, mit dem er noch vor wenigen Minuten auf Konfrontationskurs geraten war, erwiderte den Gruß, die Frau schickte ein fröhliches „Gute Nacht, Papi!“ durch die finstere Nacht herunter.

„Außerdem: Wer hat denn hier etwas von ‚Umbringen‘ gesagt? Klaus? Klaus, bitte sei so nett und verlade die Kartons mit den CDs in den Wagen vom Herrn Hörschinger…“

Der Klagenfurter Bandleader murmelte ein knappes „Yeah, das mach‘ ich!“ und verschwand kurz in der Dunkelheit. Alfred konnte erkennen, dass sich der Kärntner in Richtung seines Busses bewegte, aus dem er mit umständlichen Bewegungen drei große Kartons entlud, die Heckklappe schloss und dann an der Versammlung vorbeispazierte. Hörschinger staunte nicht schlecht, als die Lichter seines Peugeot aufblinkten und die Zentralverriegelung deaktiviert wurde. Ein Griff in seine Hosentasche bestätigte seine böse Vermutung: Man hatte ihm den Autoschlüssel abgenommen. Doch welchen Sinn hatte es jetzt noch zu protestieren? Schweigend und staunend verfolgte Alfred, wie die Kartons im Kofferraum verstaut wurden und Klaus nach dieser Aktion wieder zur Gruppe stieß. Was hatten diese Leute vor? Was war in diesen Kartons? Hörschingers Staunen wurde noch größer, als ihm der Klagenfurter mit einem breiten Grinsen den Schlüssel wieder in die Hand drückte. Er hatte ihn zurückbekommen? Aber… aber das würde ja implizieren, doch noch die Chance zu kriegen, aus diesem irren Reigen auszusteigen. Zu entkommen. Der Journalist verstand überhaupt nichts mehr.

„So, Herr Hörschinger. Und jetzt werden Sie unsere Musik in die Welt hinaustragen. In die schöne, weite Welt mit den bunten Bäumen und Blumen… Von den majestätischen Bergen bis ans blaue, weite Meer wird man diese Klänge vernehmen und lieben. Sie werden diese CDs an Ihre zahlreichen Pressekontakte verteilen, an Radio- und Fernsehstationen, an Verwandte und Bekannte, an Freundinnen und Freunde, an..."

Hörschinger stieß ein bitteres Lachen auf. Er konnte nicht glauben, was er da gehört hatte.

„Und warum sollte ausgerechnet ich, Alfred Hörschinger, bei gesundem Menschenverstand, zur Verbreitung dieser Höllenmusik beitragen?"

Leichter Wind kam auf. Ferdy machte nun einige Schritte auf Hörschinger zu. Das sanfte Lächeln, das jetzt seine blassen Lippen umspielte und die zahllosen Falten dieses Gesichtes bewegte, stand in völligem Gegensatz zu jenem unheilvollen Funkeln seiner unheimlichen, tiefblauen Augen. Alle starrten auf den alten Mann, der kurz vor Alfred stehen blieb, sich vorbeugte und in Hörschingers Ohr flüsterte:

„Weil Sie nach der Dame am Empfang der Zweite sein werden, an dem wir die Methode des leider nun verblichenen Professor Schmirinsky ausprobieren werden…"

Die Handlungen - zum Teil angelehnt an überlieferte Sagen - sowie die Charaktere sind frei erfunden. Jede Ähnlichkeit mit lebenden oder verstorbenen Personen ist unbeabsichtigt und wäre zufällig.

„Überall ist Feuchtigkeit“
Nachwort von Helmuth Schönauer

Die Flüssigkeit
kam aus dem Handy.
Ich hielt es gegen
meine Nase
und roch daran. Feuchtigkeit.

In der Literatur gibt es die verschiedensten Fassungen der Realität, ihnen allen gemeinsam ist freilich ihre Verschrecktheit und Zerbrechlichkeit. Die literarische Realität ist immer zuerst zaghaft, wenn sie als Text oder Wortsound daherkommt, erst wenn sie sich im Innern des Lesers oder Zuhörers ausbreitet, wird sie scharf und spitz.

Die beste Methode, sich der Schärfe der Literatur hinzuzugeben besteht also im Aufreißen der Sinnesorgane und Durchlüften der in den eigenen Vitrinen gefangenen Gedanken.

Die Literatur der Gegenwart wird dem interessierten Kundenkreis auf drei Feldern dargeboten. Diese liegen wie der Autostern einer Premium-Marke in Gestalt von Buchhandel, Germanistik und Büchereiwesen vor der Leserschaft. Obwohl alle drei Felder mit Literatur zu tun haben, unterscheiden sie sich in ihren Zielen und Vorgangsweisen.

Im Buchhandel geht es letztlich immer um das Geschäft, die Abrechnung an der Tageskassa ist auch die Abrechnung mit der Literatur. Als Hauptvermittlungsform hat sich die Bestenliste eingebürgert, die oft schon ein halbes Jahr im Voraus von den Verlagen gebucht wird. Die Literatur wird dabei zu einer Marke, die man je nach Preissegment in Augenhöhe platziert oder ganz unten als Alibi zum Bücken.

In der Germanistik geht es mittlerweile um Reproduktion, nicht nur die Germanisten müssen ständig neu geklont und reproduziert werden, auch die sogenannten Literaturdidaktiker und Promoter an den Schulen stammen aus germanistischen Anstalten, die sich auf die Pflege von Kanon und Vorlässen spezialisiert haben. Die dabei verwendete Literatur muss vor allem eines können: sie muss abprüfbar sein. Diese Literatur erkennt man leicht an den Fragen, die sie an das Publikum stellt mit der Bitte: Lass dich schnell prüfen, dann geht es dir wieder gut!

Somit findet die einzig freie Art der Literaturvermittlung gegenwärtig im Bereich der öffentlichen Büchereien statt. Eingezwängt von Sparmaßnahmen taucht hier die Gegenwartsliteratur unter den Bestseller-Vorgaben durch und nistet als schelmische Widerstandsliteratur oft mitten im Zeitgeist. Souverän dieses Literaturfelds ist der Leser, eine öffentliche Bücherei wird daher nicht als

Anhäufung von Regalen sondern als Community von freiwillig Lesenden begriffen.

Die Autoren achten naturgemäß auf diese drei Felder und versuchen sie möglichst gerecht und wertschätzend zu bedienen. Der Traum von der allumfassenden Literatur ist ein romantischer, worin ein Genie Bestseller produziert, über Jahrzehnte von den Zeitgenossen geliebt wird, zu Lebzeiten diverse Archive mit kleinen Schatztruhen aus Papier beliefert und gleichzeitig der nächsten Generation als ewig junger Kerl präsentiert wird. – Kurzum, ein Handke müsste man sein, um all das vergoldete Literaturglück einheimsen und ausstreuen zu dürfen.

In der Realität des Literaturbetriebs der „zwanzig-zehner Jahre" geht es als Autor darum, mit unverwechselbarem Verve jene Fragen zu beantworten, die ein Lektor immer seinem Manuskript-Lieferanten stellen muss: Was macht dich so unverwechselbar, dass ich dich lesen muss?

Im Falle von Christian Kössler besteht dieses Unverwechselbare in seiner augenzwinkernden Gespenstigkeit, mit der seine Literatur zu Tage tritt. Gemäß der Parole, wonach die Literatur „das Getue um den Text" sei, verwandelt er sich regelmäßig in eine schmunzelnde Erzähl-Figur, die nichts anderes im Sinn hat, als den Protagonisten für einige Zeit satte Leichenblässe zu verpassen.

Unter dem harmlosen Titel „Sie wird dich holen“ duckt die Zuhörerschaft allmählich zusammen und entwickelt die Gänsehaut, wie man es als Kind gelernt hat, wenn jemand aus einem gewöhnlichen Vorgang etwas Makabres hervorgezaubert hat. „Sie wird dich holen“ ist ein gut gemeinter Ratschlag, nicht dorthin zu gehen, wo die Gefahr lauert. Und weil das für jedes ernst gebliebene Kind erst recht die Einladung ist, dorthin zu gehen, sollte man wenigstens die Augen offenhalten, wenn die Gefahr kommt in Gestalt des Ungewissen, das einen einholen wird.

„Sie wird mich holen“ durchzuckt es als Schlüsselsatz den Erzähler in der Geschichte „Am See“. Darin fährt ein Schreckens-Jäger nach Bregenz, weil er endlich einmal jene Stadt kennenlernen will, von der er seit Kindestagen wegen der billigen Grundstücke begeistert ist. Zumindest wird das im „Österreich-DKT“ suggeriert, wie ein auf das Zwergen-Land herunter gebrochenes Welt-Monopoly genannt wird.

Kaum in Bregenz angekommen, entwickelt sich die Stadt völlig anders, als man es vom Brettspiel her gewohnt ist. Der See ist allgegenwärtig nicht nur zur Festspielzeit, die Bibliothek strotzt vor sagenhaften Geschichten und eines Abends klopft es an die Mietwohnung, in der der Grusel-Archivar abgestiegen ist, und der Schrecken kommt tatsächlich zu Besuch.

Das Motiv einer geordneten Welt, deren Verfassung das Alphabet ist, liegt beinahe allen Geschichten zugrunde. Hier vermittelt die ungebändigte Welt der Bibliotheken einen Schrecken, wie er oft vom berühmtesten Schriftsteller-Bibliothekar der Weltgeschichte ausgeht, nämlich vom Argentinier Jorge Luis Borges (1899-1996).

Was, wenn die aufgezeichneten Dinge sich wörtlich nehmen und aus den Bücher heraussteigen und sich in der sogenannten haptischen Realität ausbreiten?

In diesen Sequenzen ist Christian Kössler der Schöpfer eines phantastischen Bibliothekars aus Fleisch und viel Blut, für den es nichts Schlimmeres gibt als Feuchtigkeit. So sehr die Feuchtigkeit bei bestimmten Lusttätigkeiten gewünscht und mit Feuchtigkeits-Gels herbeigeführt wird, so fürchterlich ist sie im Bibliothekswesen oder bei anderen Arten der Informationsvermittlung. Ein Handy, aus dem Feuchtigkeit tropft, ist der GAU der Kommunikation.

Die glatte Ordnung eines biederen Nachhausewegs, die Straßenverkehrsordnung, das saubere Bild eines perfekten Zahnstandes, die überlieferten Regularien des Fels-Kletterns bauen sich nur ein paar Absätze lang vor dem Zuhörer auf, ehe dann die Verletzung dieser Ordnung nicht nur bibliothekarisch getrimmte Menschen aus der Bahn wirft.

Christian Kössler ist ein Bewunderer der klassischen Romantik und studiert diese im Zusammenspiel mit der Gothics-Szene der Gegenwart.

In der Romantik spielen die Geschichten immer in einem sauber begrenzten politischen Revier, um durch Sagen und Geschichten diesen Gegenden politische Identität und Nationalstolz einzuflößen. Die Romantik geht daher immer mit Heimatkunde einher und definiert Bräuche und Menschenschlag durch regionale Mythen. Gleichzeitig bedient sie sich der romantischen Ironie, worin die gestiefelten Kater und andere Erzähler ihre Lage reflektieren und sich direkt ans Publikum um Mithilfe wenden.

Ähnlich geht der Autor in seinen Performances vor, er spricht jeweils den anwesenden Menschenschlag beim Namen an, greift Sagen aus der jeweiligen Umgebung auf und führt sie zusammen mit dem Publikum einem ironischen Gruseln zu. So muss man die vorliegenden Erzählungen auch als Notenschrift zu einer Veranstaltung Marke Poetry-Schock begreifen, die Szenarien sind oft Regieanweisungen, die psychologische Schärfe der Figuren entsteht durch den Vortrag.

Im Literaturbetrieb tauchen Verlage meist nur dann auf, wenn wieder etwas vor Gericht ausgetragen werden muss oder wenn es um Verkäufe und Investitionen geht. Nur noch selten leisten sich Verlage ein Profil, weil es kaum mehr abzusehen ist, ob das im Frühjahr geplante Herbstprogramm auch noch Akzeptanz erfährt, wenn der Schnee fällt, der vermehrt ausbleibt.

Nicht so der Verlag „pyjamaguerilleros*", in dem nun schon gut zwanzig legendäre Leckerbissen erschienen sind. pyjamaguerilleros* nämlich publiziert nur Texte, zu denen es auch eine Gegenwelt in 3-D gibt. Getreu der Maxime, wonach Literatur das Getue zum Text ist, muss es in seinem Verlags-Programm jeweils eine Veranstaltung, Performance oder ein Projekt geben, ehe dann das Buch als Dokumentation erscheint. Dennoch sind die Bücher klug genug, die Konsistenz zu wechseln und als Realität aus dem Fiktions-Fundus des Buches auszusteigen und vermutlich Jahrhunderte zu überdauern.

Dazu müssen diese Bücher vor allem eines: trocken bleiben. Auch wenn noch so viel Feuchtigkeit durch die Schreckensabende des Christian Kössler zischt.

Weitere Publikationen der pyjmaguerilleros*

Nr. 18: *Provinzposse. Ein 24-stündiger Theatermarathon.*
Mit 5 Theaterstücken (von Christine Frei, Josef Maria Krasanovsky, Thomas Schafferer, Helmuth Schönauer und Nora Schüssler) und zugleich Dokumentation der Ausgabe Nr. 36 des Tiroler Literaturmagazins Cognac & Biskotten (Hrsg.) in Kooperation mit Theater Melone
2014: Innsbruck. ISBN-Nr. 978-3-9503021-8-9

Nr. 17: *Nicht mal ein Fernzug. Ein Hypo-Roman.*
Wolfgang Nöckler
2014: Innsbruck. ISBN-Nr. 978-3-9503021-7-2

Nr. 16: *MundWerk - buchstäblich das Beste. Anthologie.*
Lene Morgenstern & Wolfgang Nöckler (Hrsg.)
2014: Innsbruck. ISBN-Nr. 978-3-9503021-6-5

Nr. 15: *ich leih mir kurz mal dein gesicht. Gedichte.*
Wolfgang Nöckler
2014: Innsbruck. ISBN-Nr. 978-3-9503021-5-8

Nr. 14: *Tiroler Sensenmann-Blues. Ein Hypo-Roman.*
Christian Kössler
2013: Innsbruck. ISBN-Nr. 978-3-9503021-4-1

Nr. 13: *hymne an die sinne.*
???affe!!!
2013: Innsbruck. ISBN-Nr. 978-3-9503021-3-4

Nr. 12: *Kommissar Prohaska: Geldstadt Innsbruck. Ein Hypo-Roman.*
Daniel Suckert, Vorwort: Inspektor Hermann Maier
2013: Innsbruck. ISBN-Nr. 978-3-9503021-2-7

Nr. 11: *Pitsch, Patsch, Putsch! Das Manifest von Budapest*
der Schreibmaschinen Joanna Maria Egger, Daniel Furxer und Thomas Schafferer
2012: Innsbruck. ISBN-Nr. 978-3-9503021-1-0

Nr. 10: *Kommissar Prohaska: "Weltstadt" Innsbruck.*
10 humoristisch-skurrile Kurzgeschichten.
Daniel Suckert, Vorwort: Harald Haller / Schienentröster
2010: Innsbruck. ISBN-Nr. 978-3-9503021-0-3

Nr. 9: *Über das Fallen. 41 Gedichte und 1 Fragment.*
Andreas Brugger
2008: Innsbruck. ISBN-Nr. 978-3-9501923-9-1

Nr. 8: *Kaiserschmarrn. 20 absurde Kurzgeschichten und -krimis.*
Thomas Schafferer, Vorwort: Christian Kössler
2008: Innsbruck. ISBN-Nr. 978-3-9501923-8-4

Nr. 7: *Lyrik Rocks. 2-3-4 rotzfreche Tracks.*
Thomas Schafferer, Vorwort: Florian Pranger (Hrsg.)
2007: Innsbruck. ISBN-Nr. 978-3-9501923-7-7

Nr. 6: *Bestialisches Innsbruck. 12 mysteriös, düstere Kurzgeschichten.*
Christian Kössler, Vorwort: Florian Pranger (Hrsg.)
2007: Innsbruck. ISBN-Nr. 978-3-9501923-6-0

Nr. 5: *Female Lyrics, Texte über Galtür, Hopfgarten i. Br. und Lienz.*
Barbara Aschenwald, Petra Maria Kraxner,
Esther Strauß, Vorwort: Barbara Hundegger
2006: Innsbruck. ISBN-Nr. 978-3-9501923-5-3

Nr. 4: *digitally remastered. 227 Gedichte aus den Jahren 1992-2006.*
Thomas Schafferer, Vorwort: Joachim Gatterer (Hrsg.)
2006: Innsbruck. ISBN-Nr. 978-3-9501923-4-6

Nr. 3: *Gott vs. Satan. Die größten Flops (...) der Schreibmaschinen*
Daniel Furxer und Thomas Schafferer
2003: Innsbruck. ISBN-Nr. 978-3-9501923-2-2

Nr. 2: *1. Int. Upper-Ground-Festival. Spectre vs. Cognac & Biskotten.*
Anthologie mit lit. Texten mehrerer AutorInnen
2003: Innsbruck. ISBN-Nr. 978-3-9501923-1-5

Nr. 1: *splitternackt. 28 Gedichte.*
Thomas Schafferer
2001: Innsbruck. ISBN-Nr. 978-3-9501923-0-8

* *Kleinverlag von Cognac & Biskotten - Dem Literaturclub mit dem Wow-Aha-Effekt - www.cobi.at*

Über den Autor

Christian Kössler wurde am 1. Dezember 1975 geboren. Er ist in Innsbruck wohnhaft, als Bibliothekar an der Universitäts- und Landesbibliothek Tirol beschäftigt und Mitglied im Vorstand der IG AutorInnen Tirol. Kössler hat mehrere Einsätze im Tor des österreichischen Fußball-Autorenteams absolviert.

Seit 2007 ist er als Autor mit seinen Leseabenden, Autorenbegegnungen, Moderationen und kulinarischen Lesungen unterwegs. Zu Gast war er dabei in Österreich, Belgien, den Niederlanden, Südtirol und der Schweiz.

Bisher erschienene Werke:

„Bestialisches Innsbruck“ (2007)
„Innsbrucker Totentanz“ (2009)
„Unheimliches Tirol“ (2011)
„Tiroler Sensenmann-Blues“ (2013)

sowie diverse Textbeiträge...

Web: christiankoessler.twoday.net

Die Texte dieses Buches entstanden dank eines Arbeitsstipendiums des Bundeslandes Tirol (2015, Abteilung Kultur/Literatur) sowie einer Förderung der Stadt Innsbruck (2015, Kulturamt).

Ein großes Dankeschön geht an die Kulturabteilung des Landes Tirol sowie an das Kulturamt der Stadt Innsbruck, an Gasthof Dollinger, Autohaus Moriggl und Herrn Dr. Andreas Rauch.

DOLLINGER
GASTHOF & HOTEL
***

AUTOHAUS
MORIGGL
seit 1932

Ein ganz besonderer Dank gilt Mag.ª Judit Gorbach, Mag. Thomas Schafferer, Helmuth Schönauer und meiner Frau Silvia.